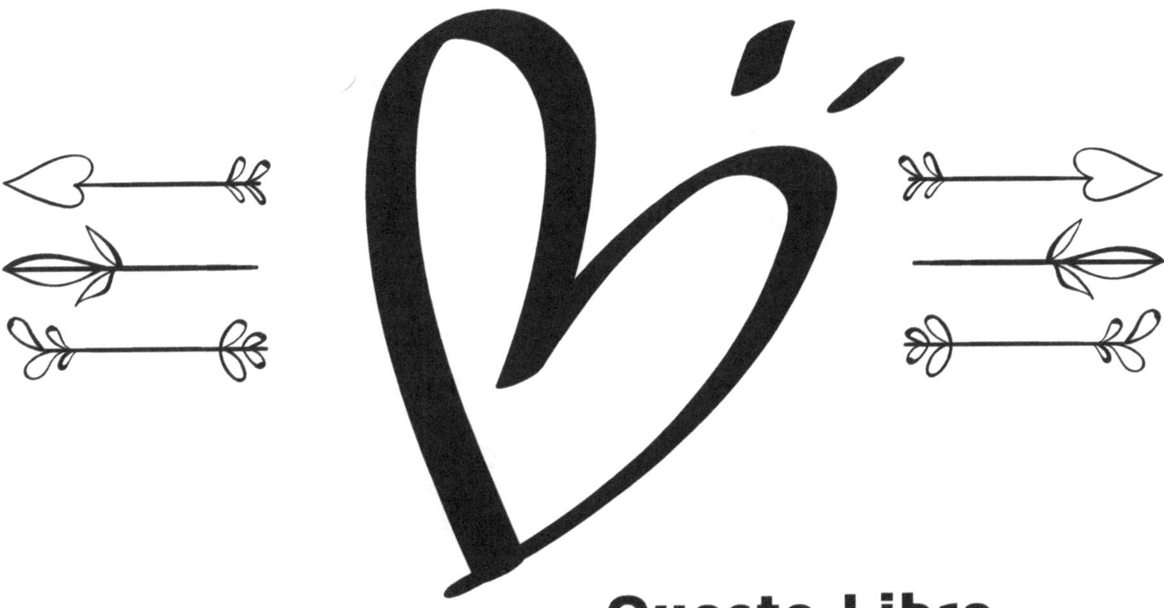

Questo Libro

Appartient à

NAVI E BARCHE LIBRO DA COLORARE

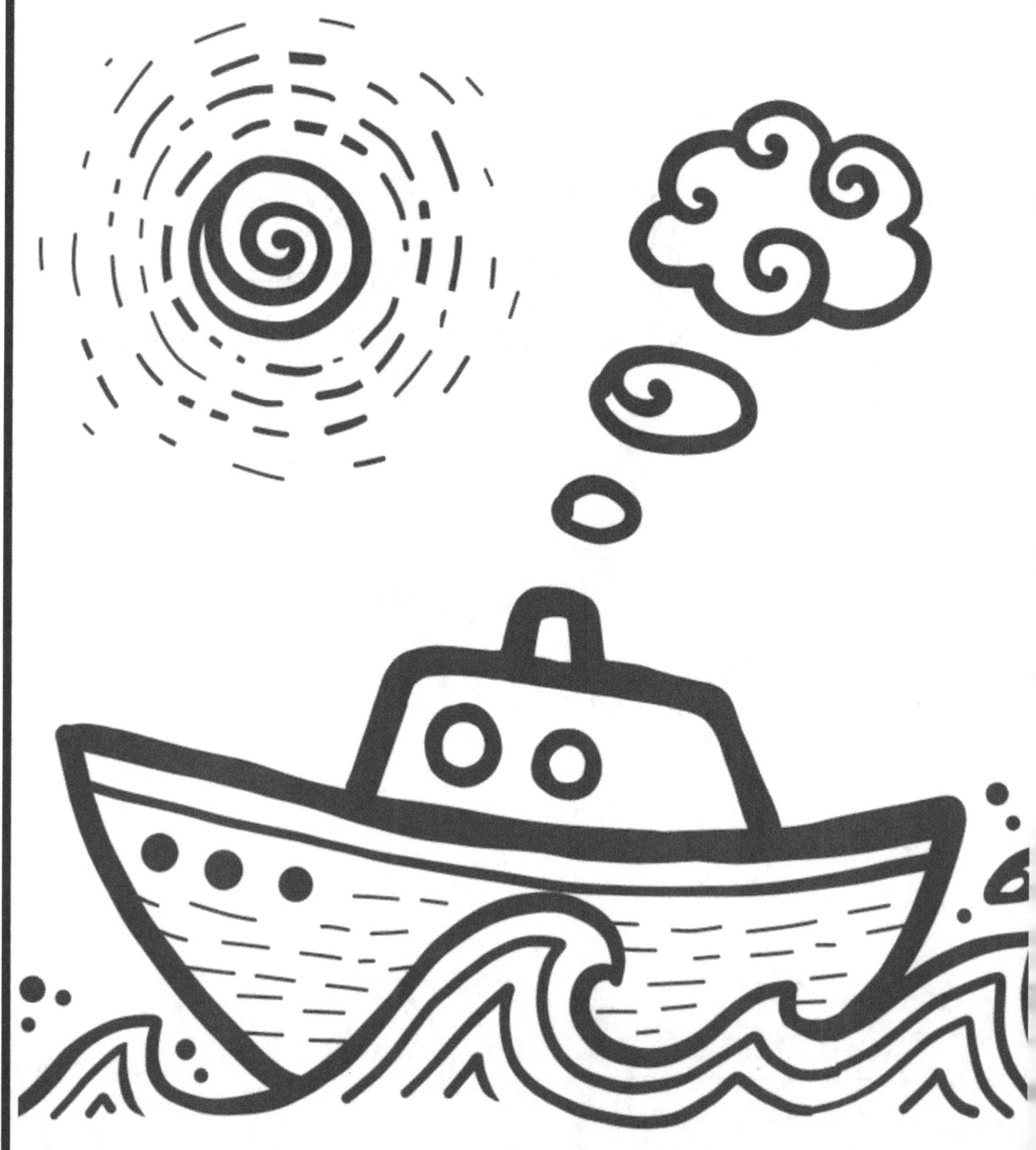

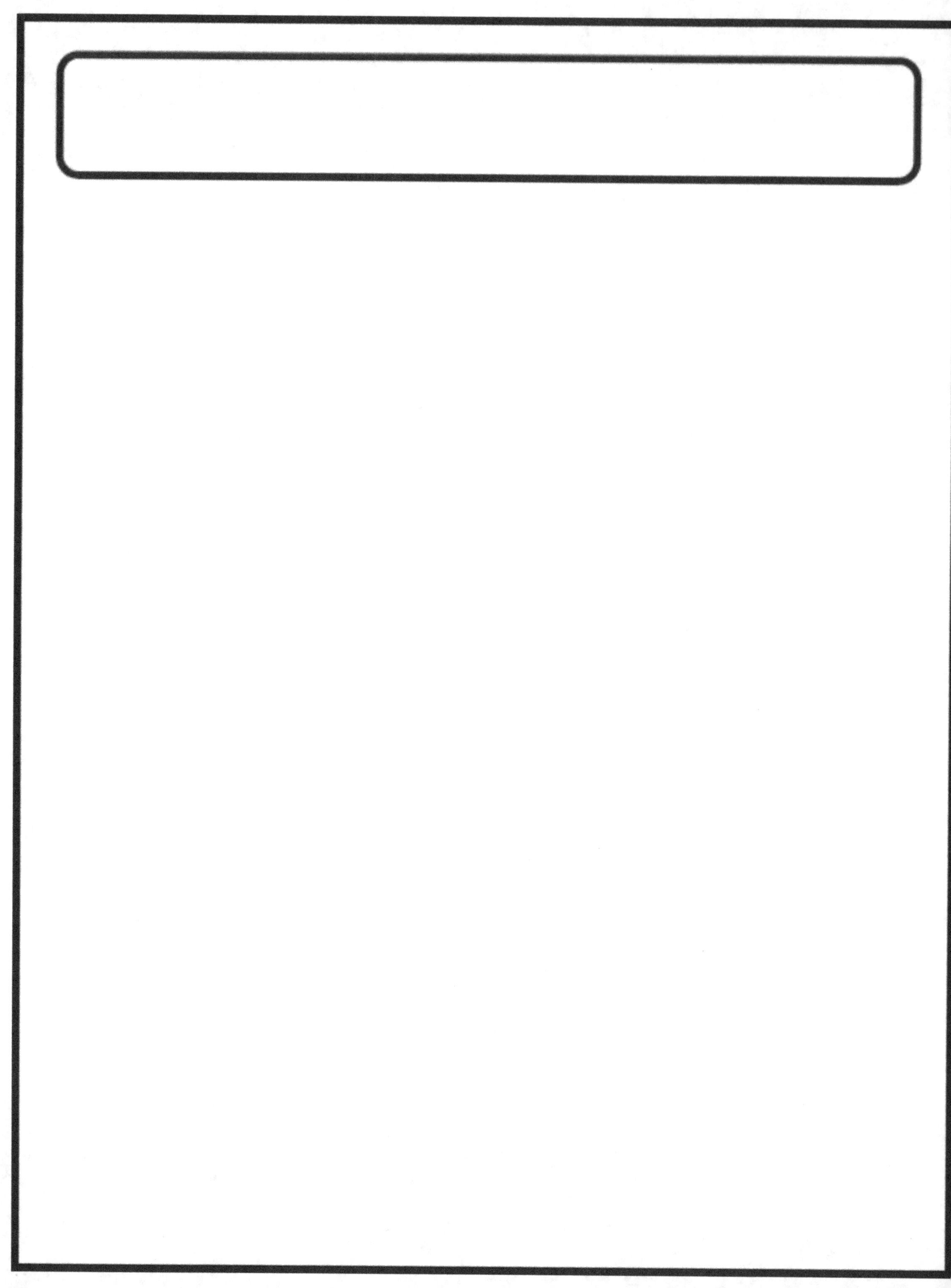

NAVI E BARCHE LIBRO DA COLORARE

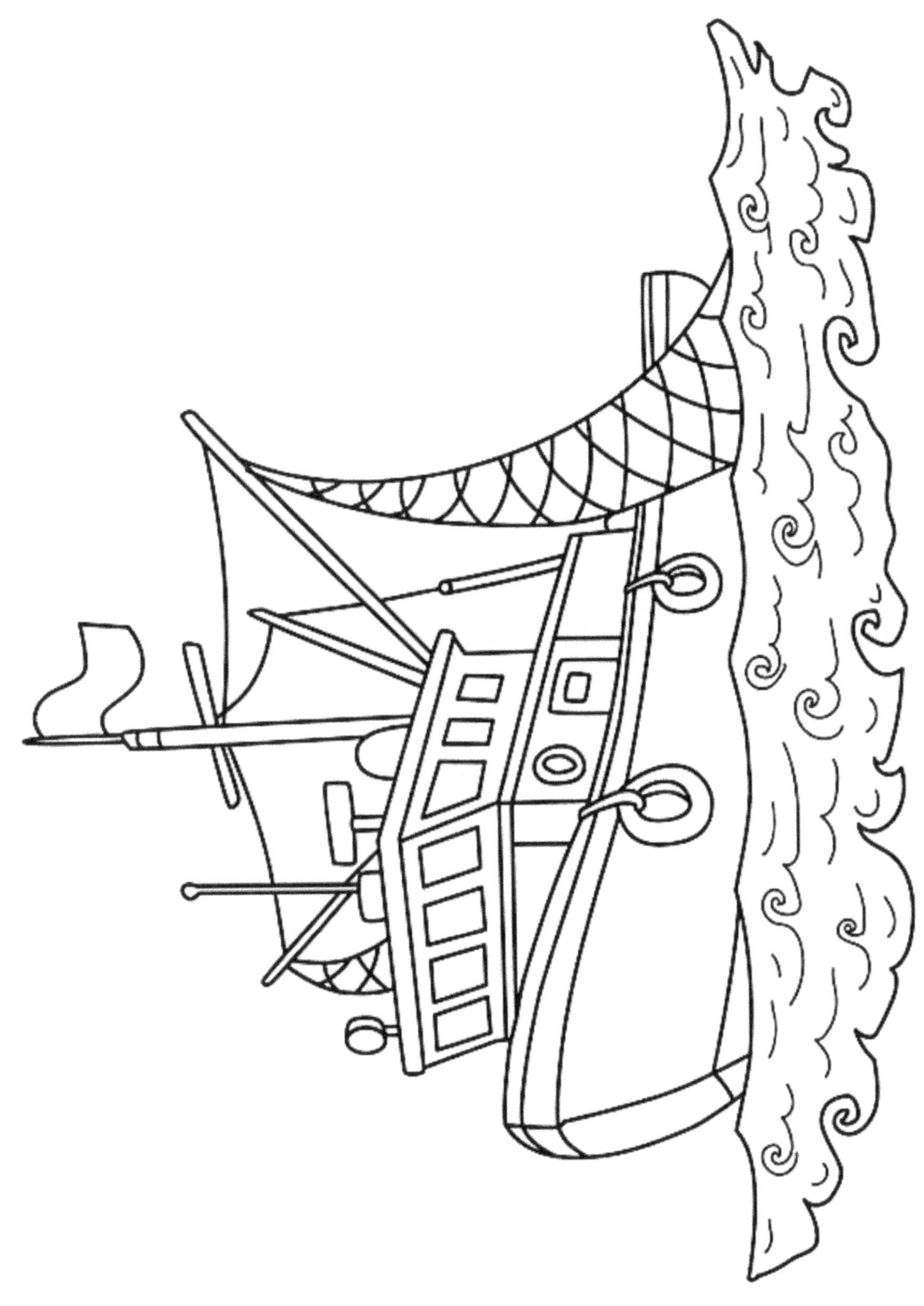

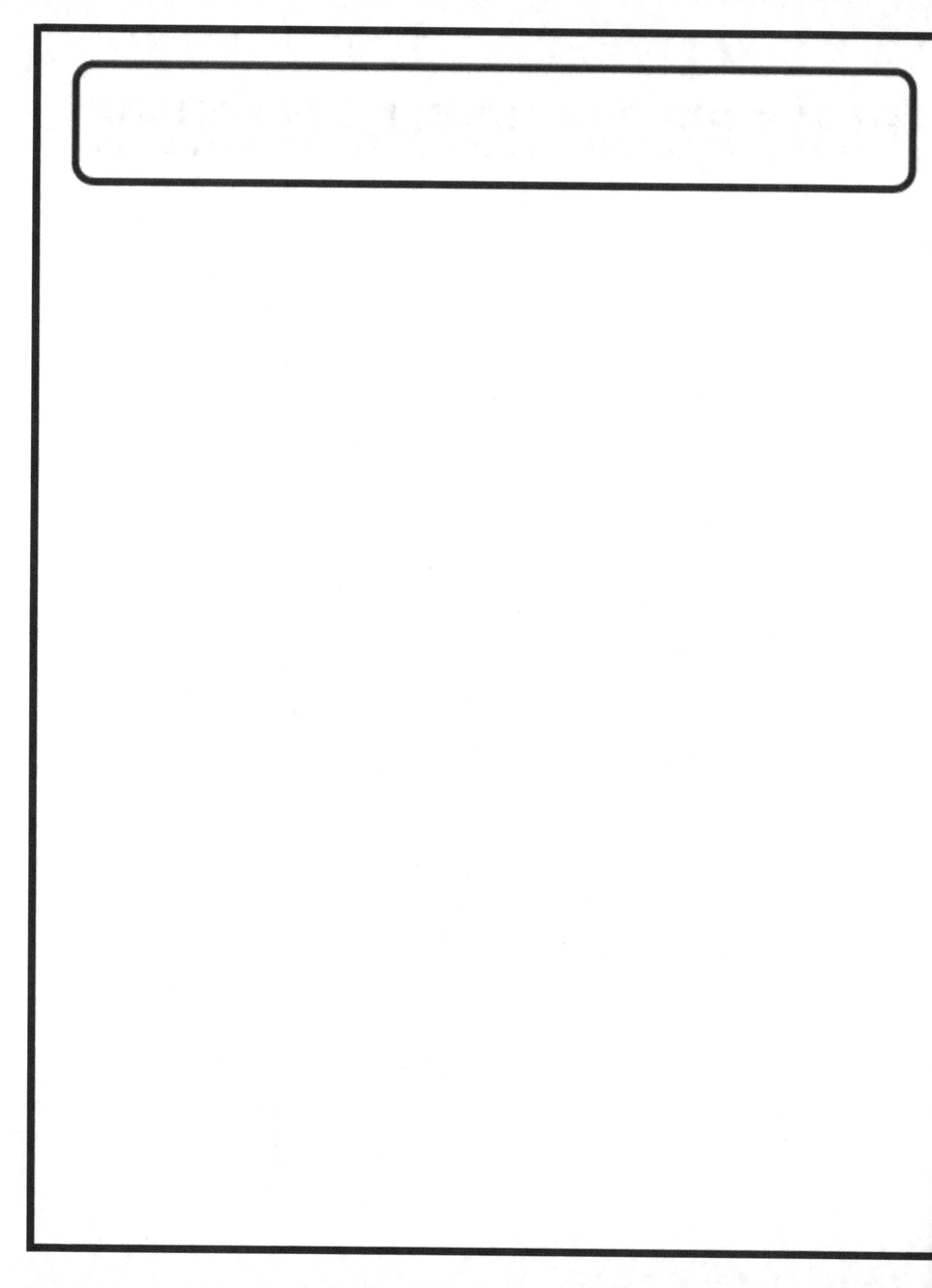

NAVI E BARCHE LIBRO DA COLORARE

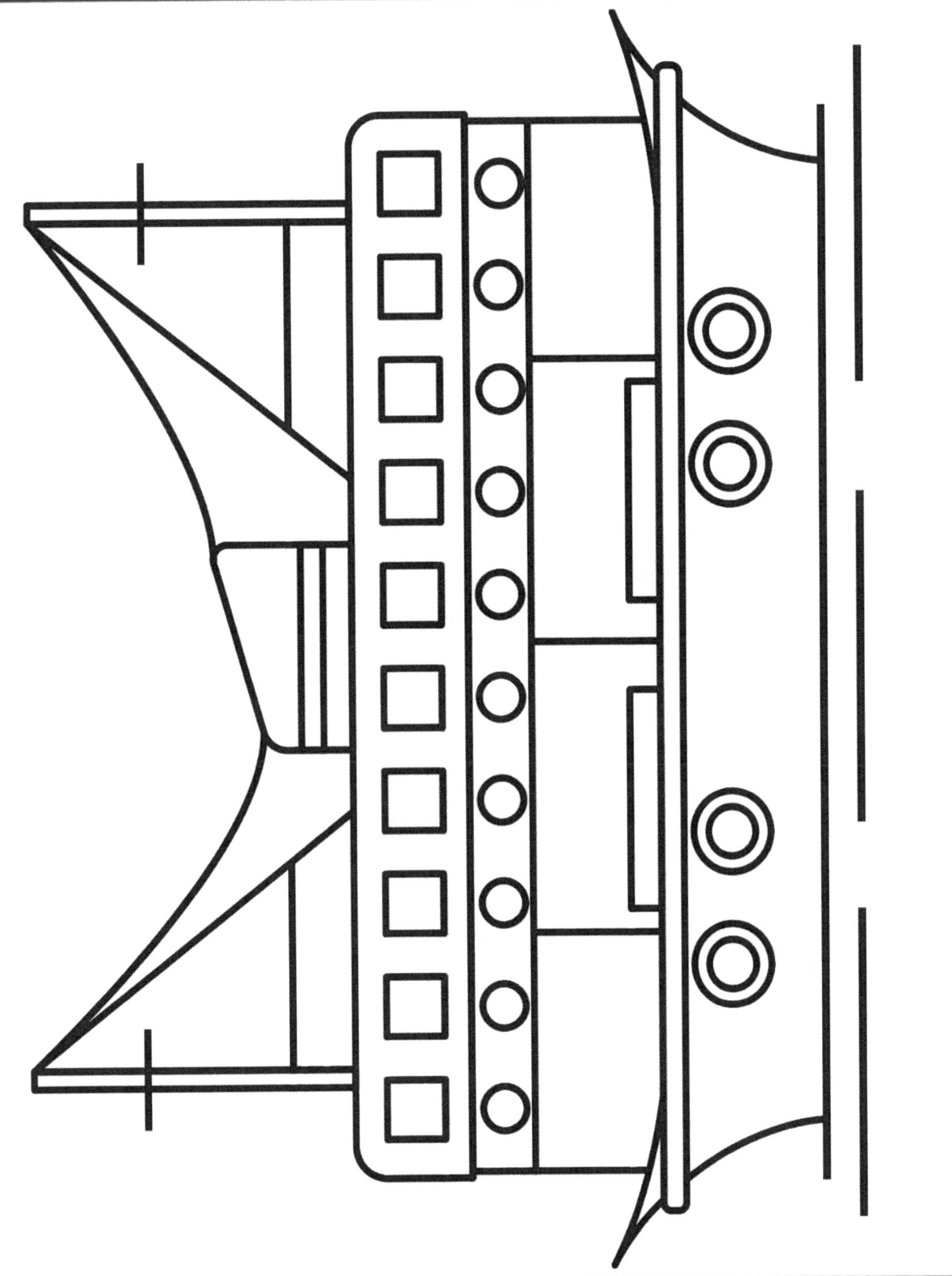

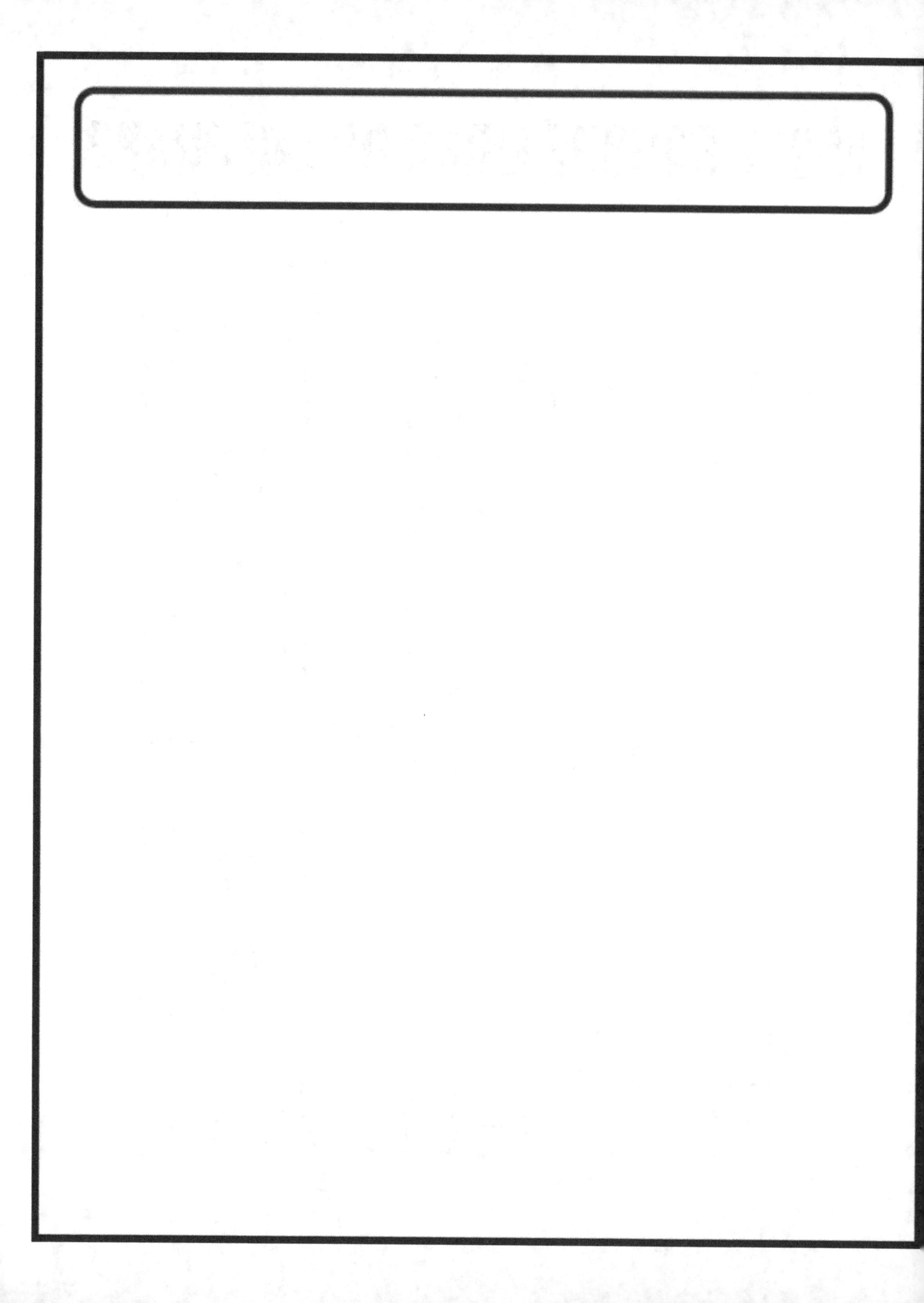

NAVI E BARCHE LIBRO DA COLORARE

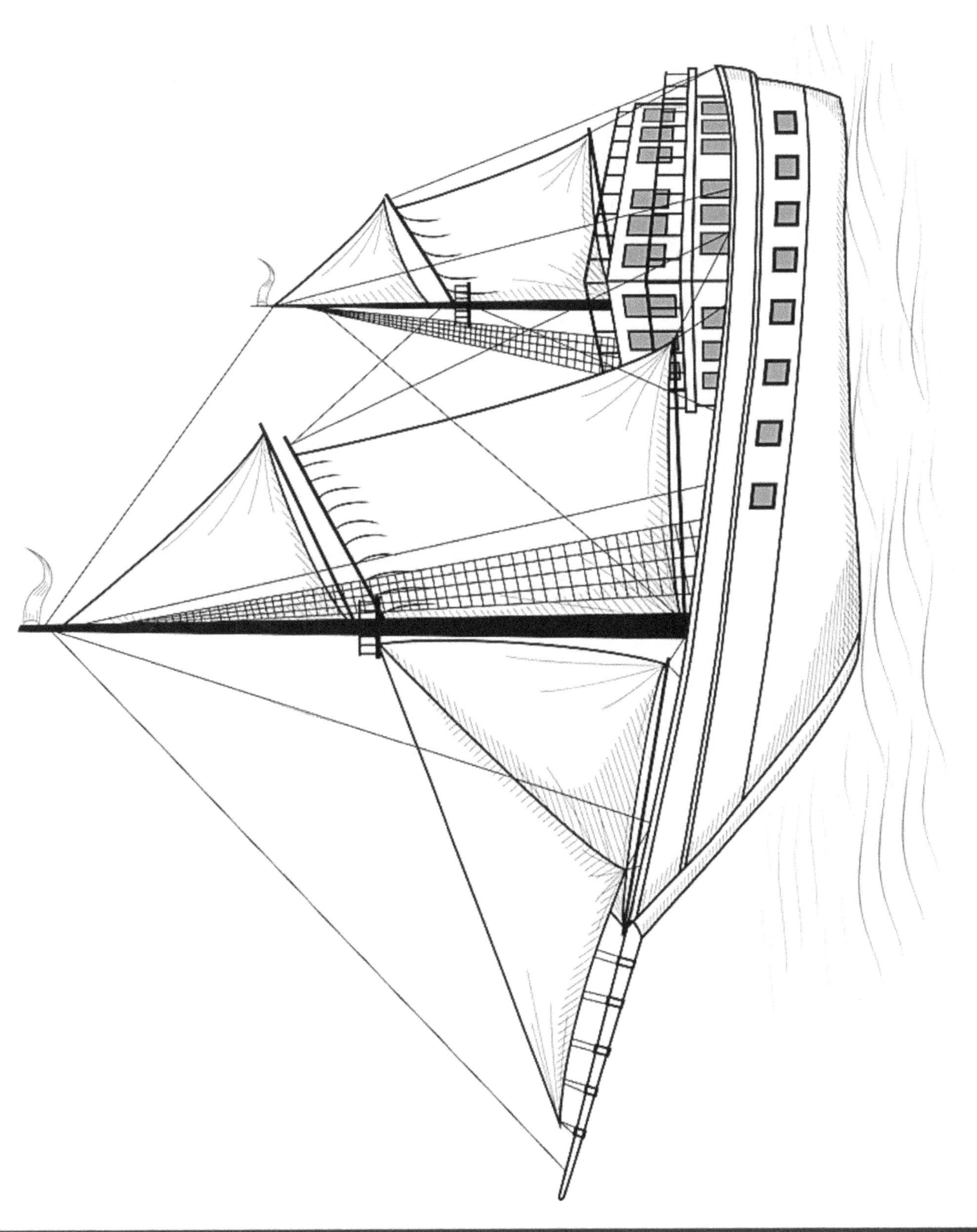

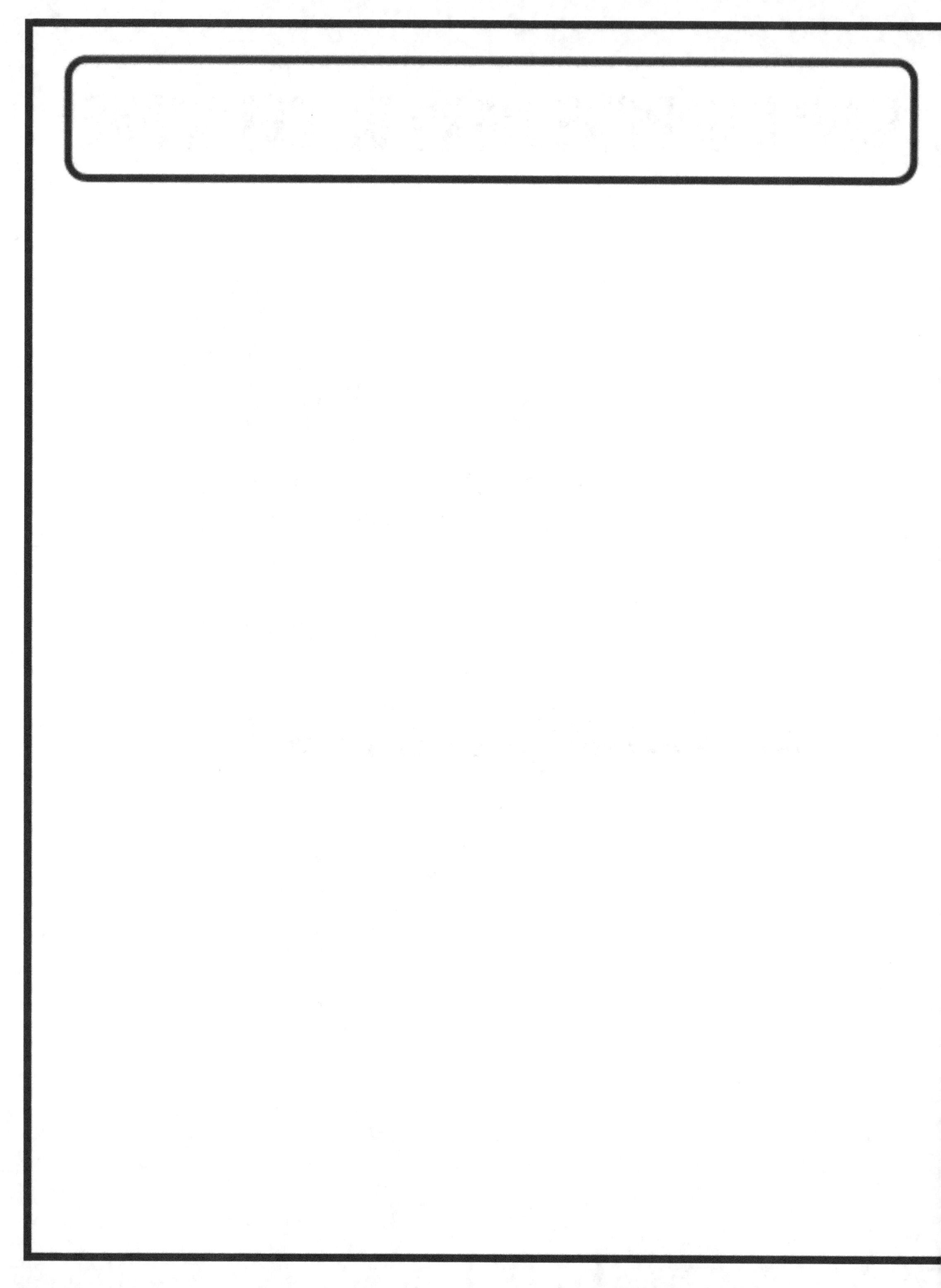

NAVI E BARCHE LIBRO DA COLORARE

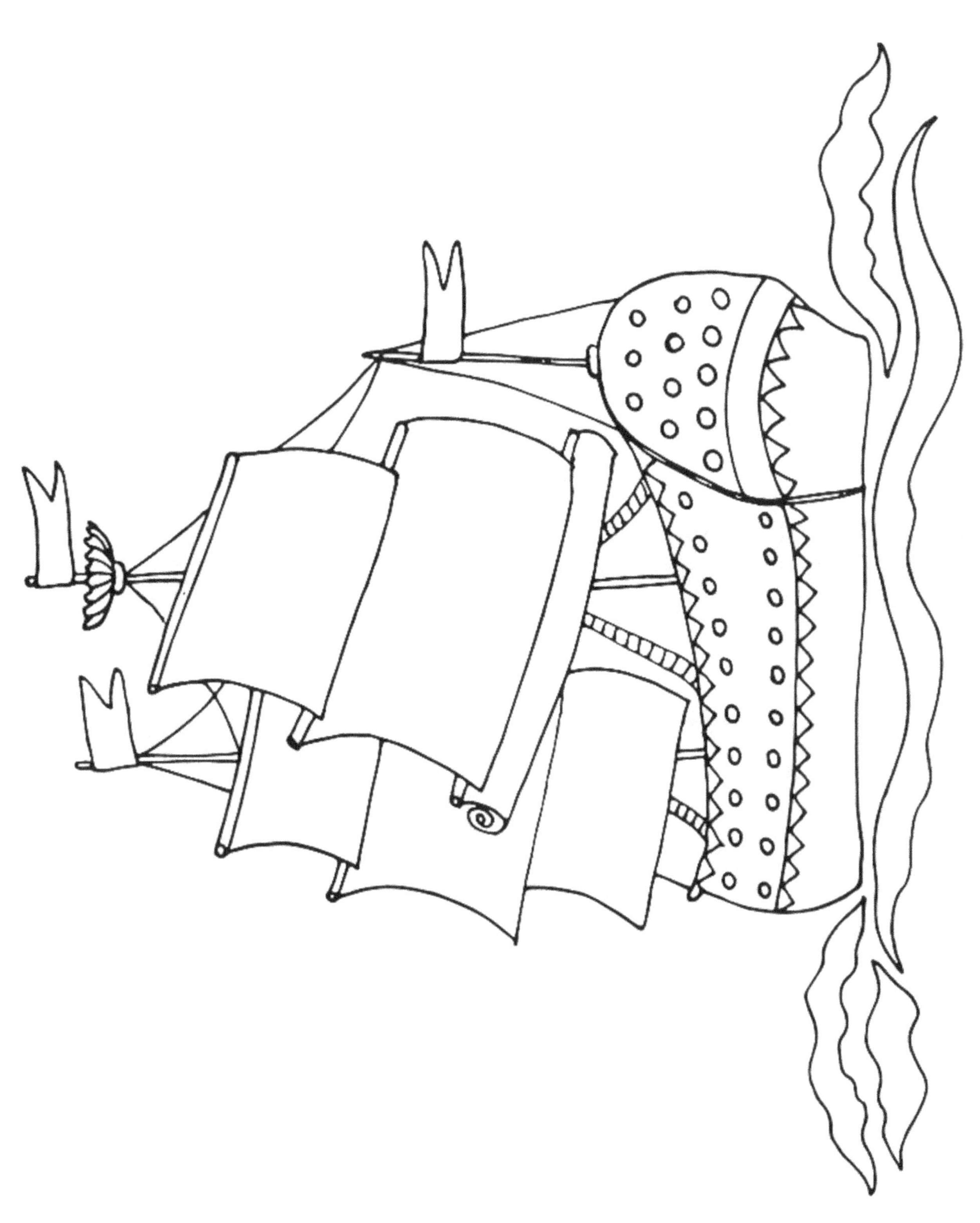

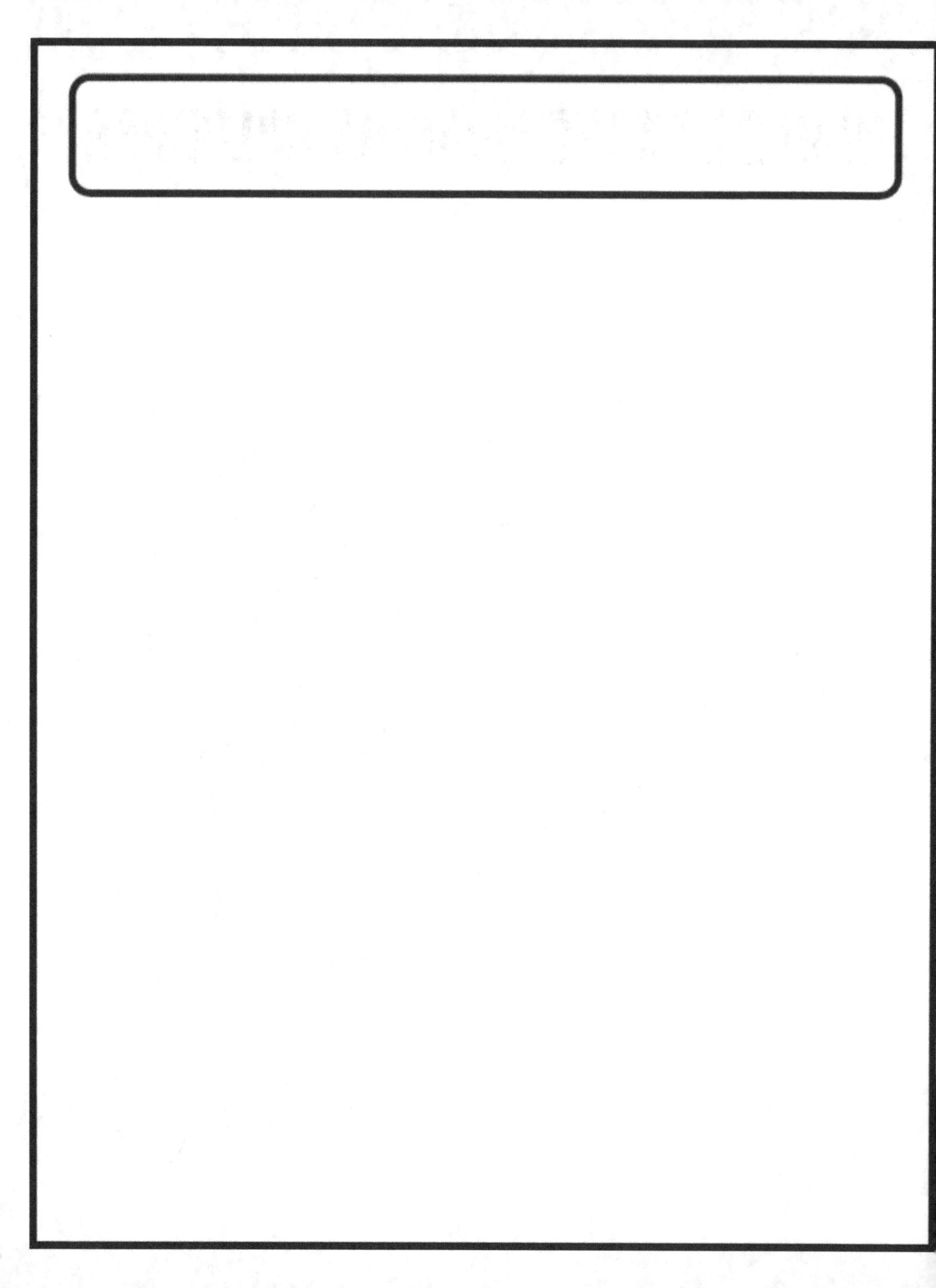

NAVI E BARCHE LIBRO DA COLORARE

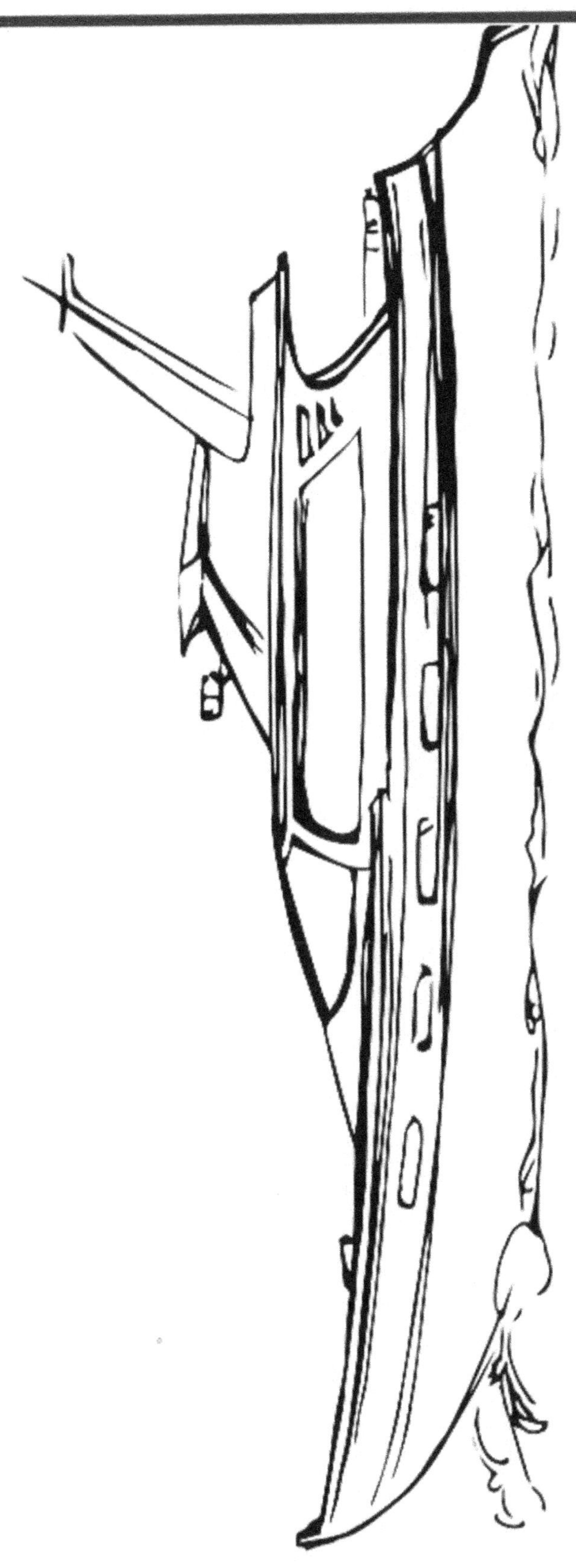

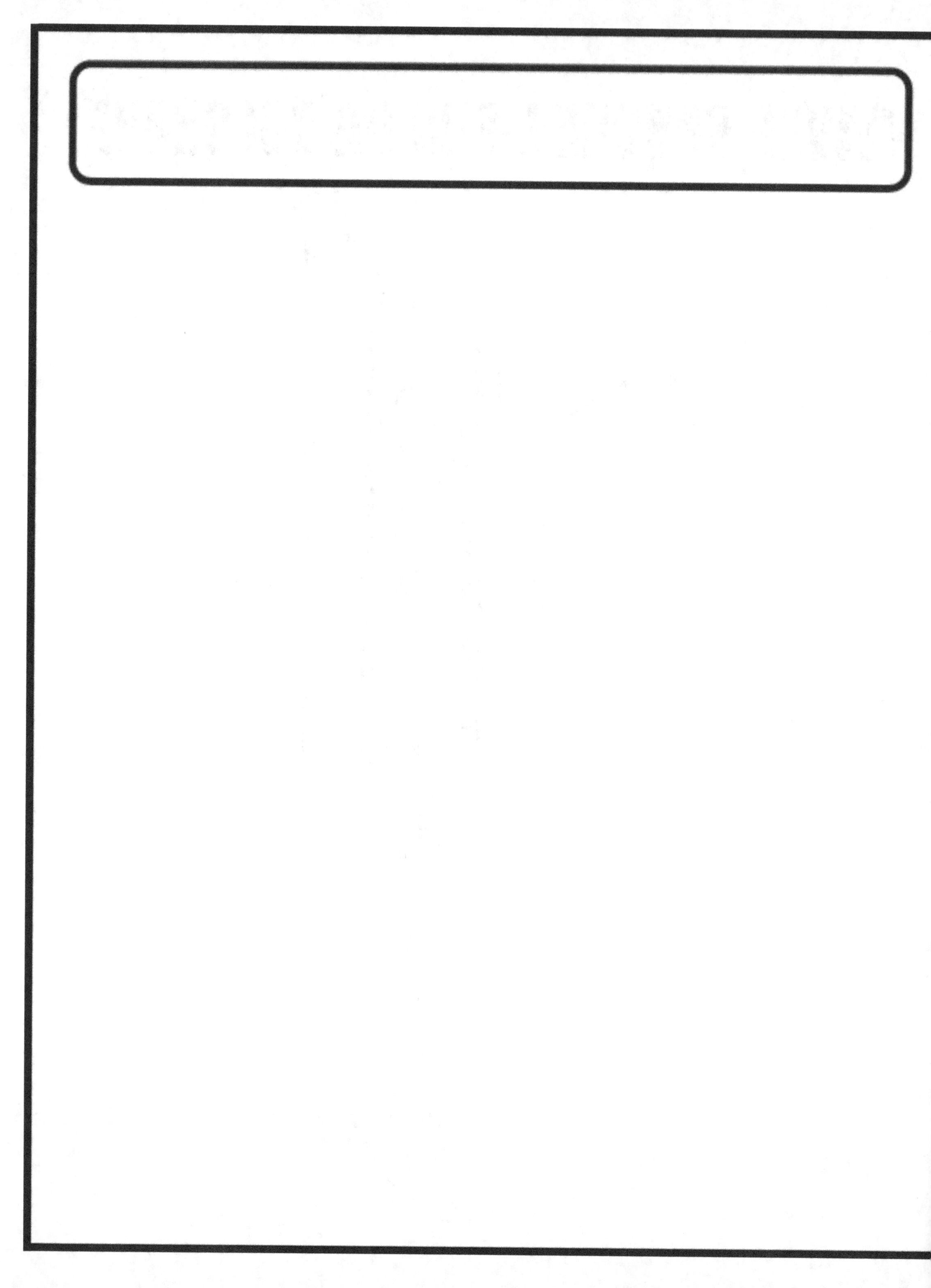

NAVI E BARCHE LIBRO DA COLORARE

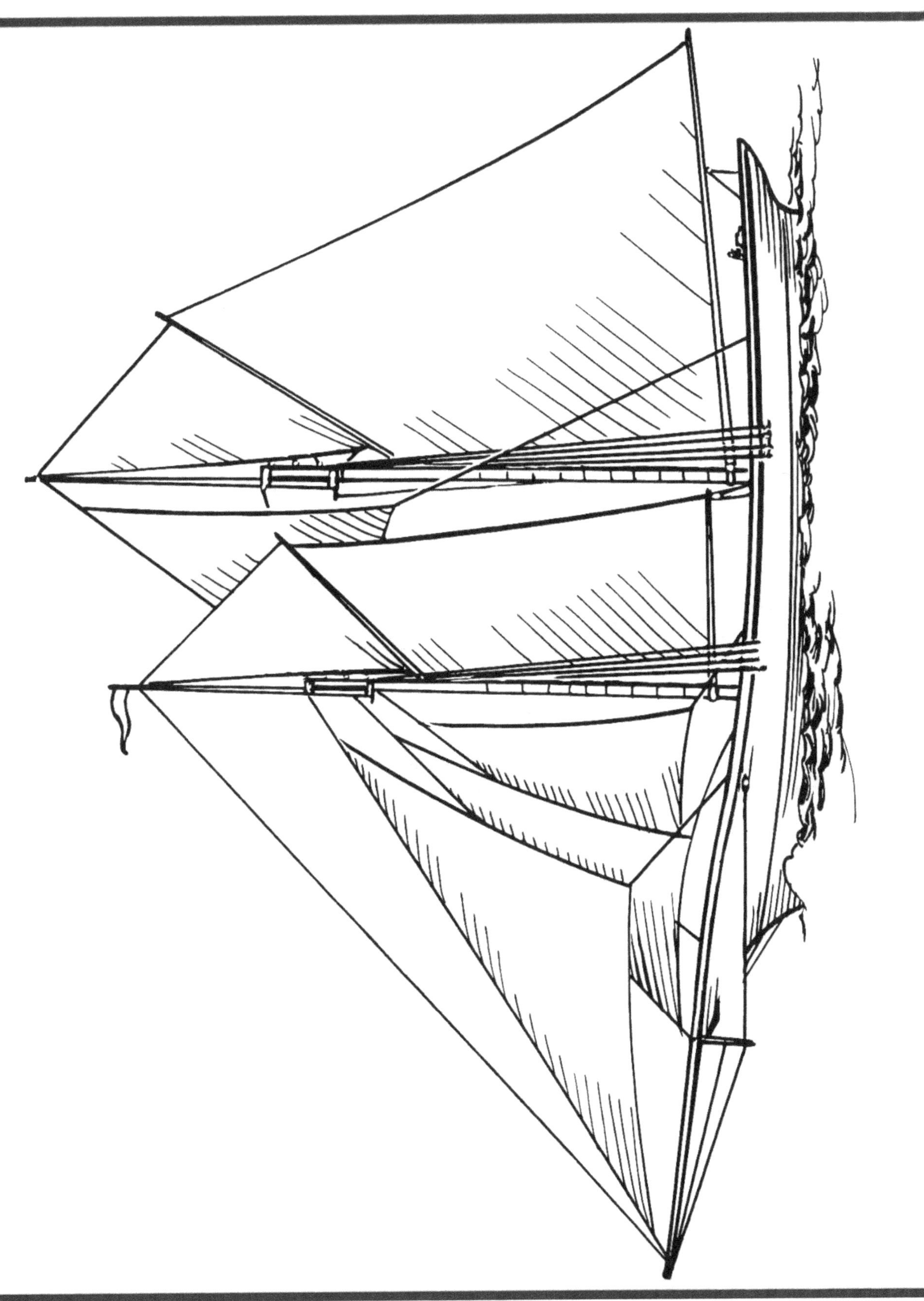

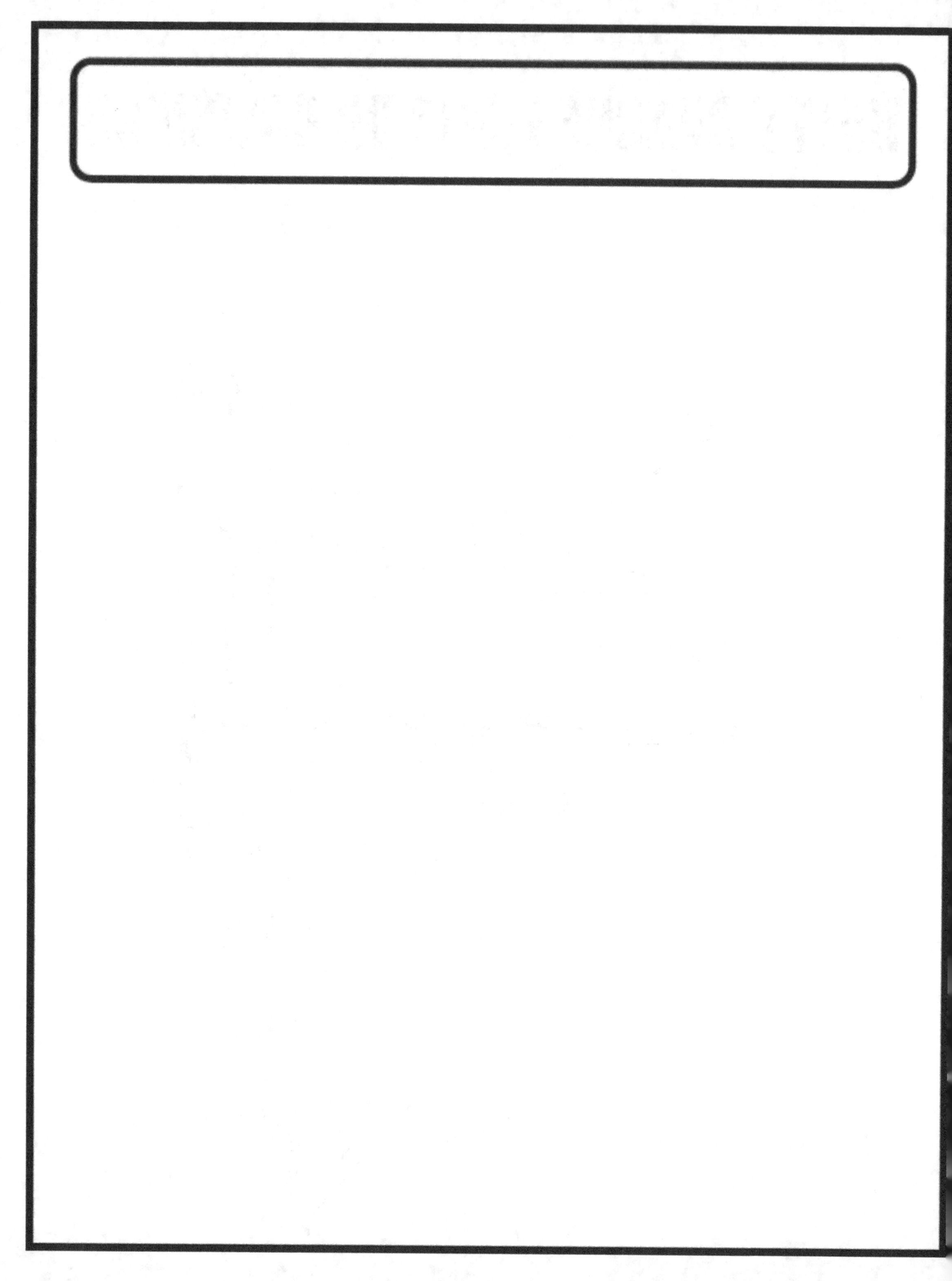

NAVI E BARCHE LIBRO DA COLORARE

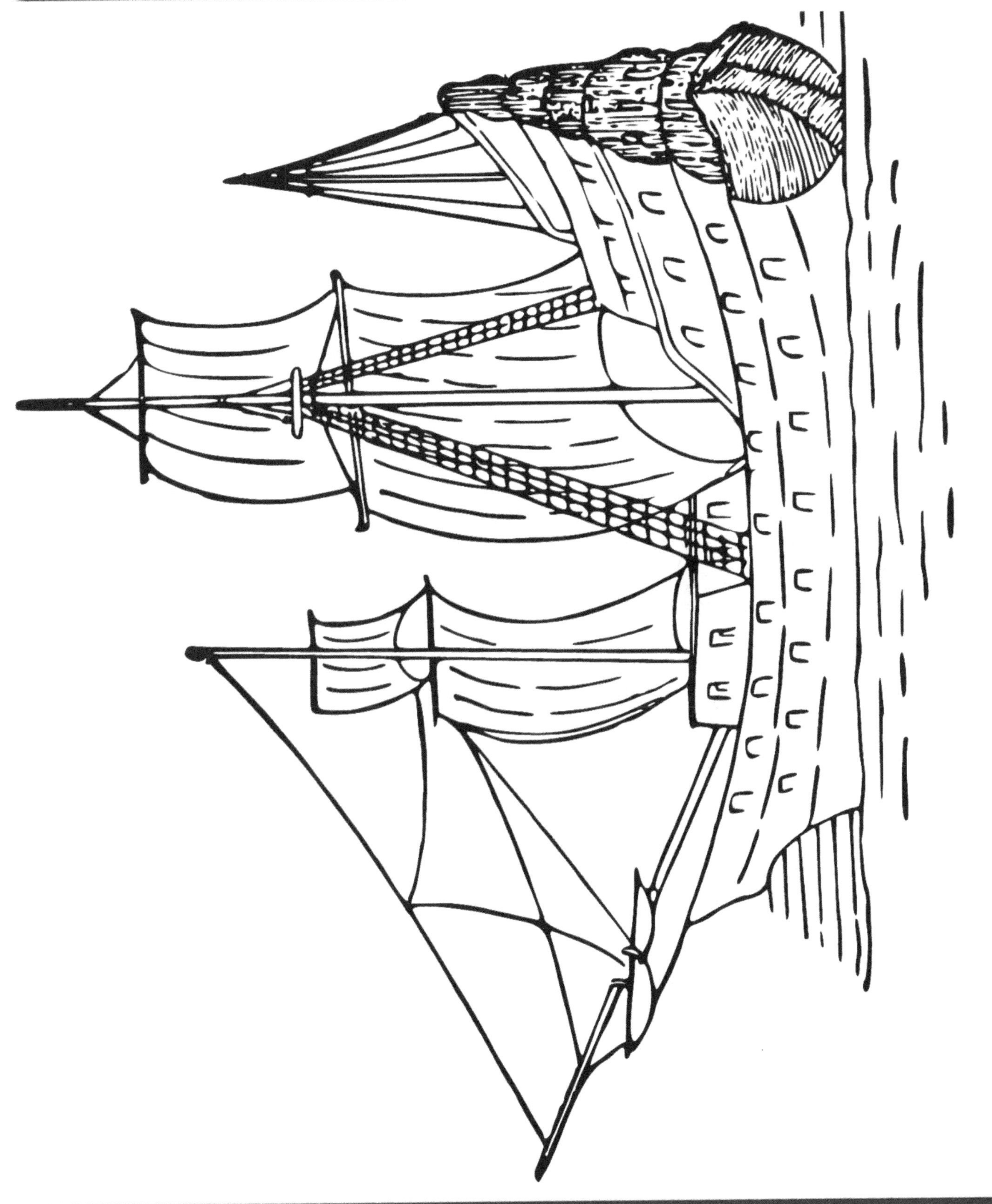

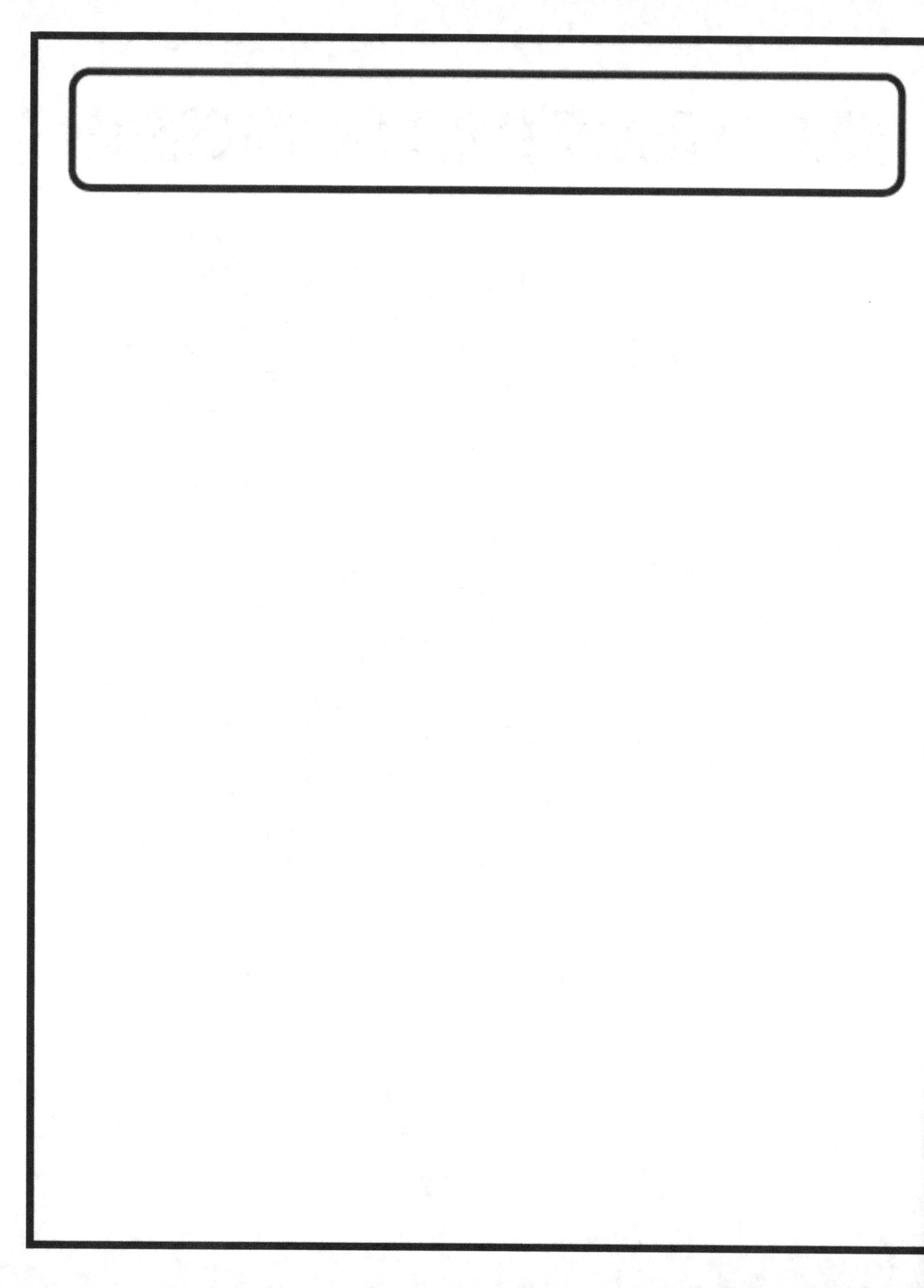

NAVI E BARCHE LIBRO DA COLORARE

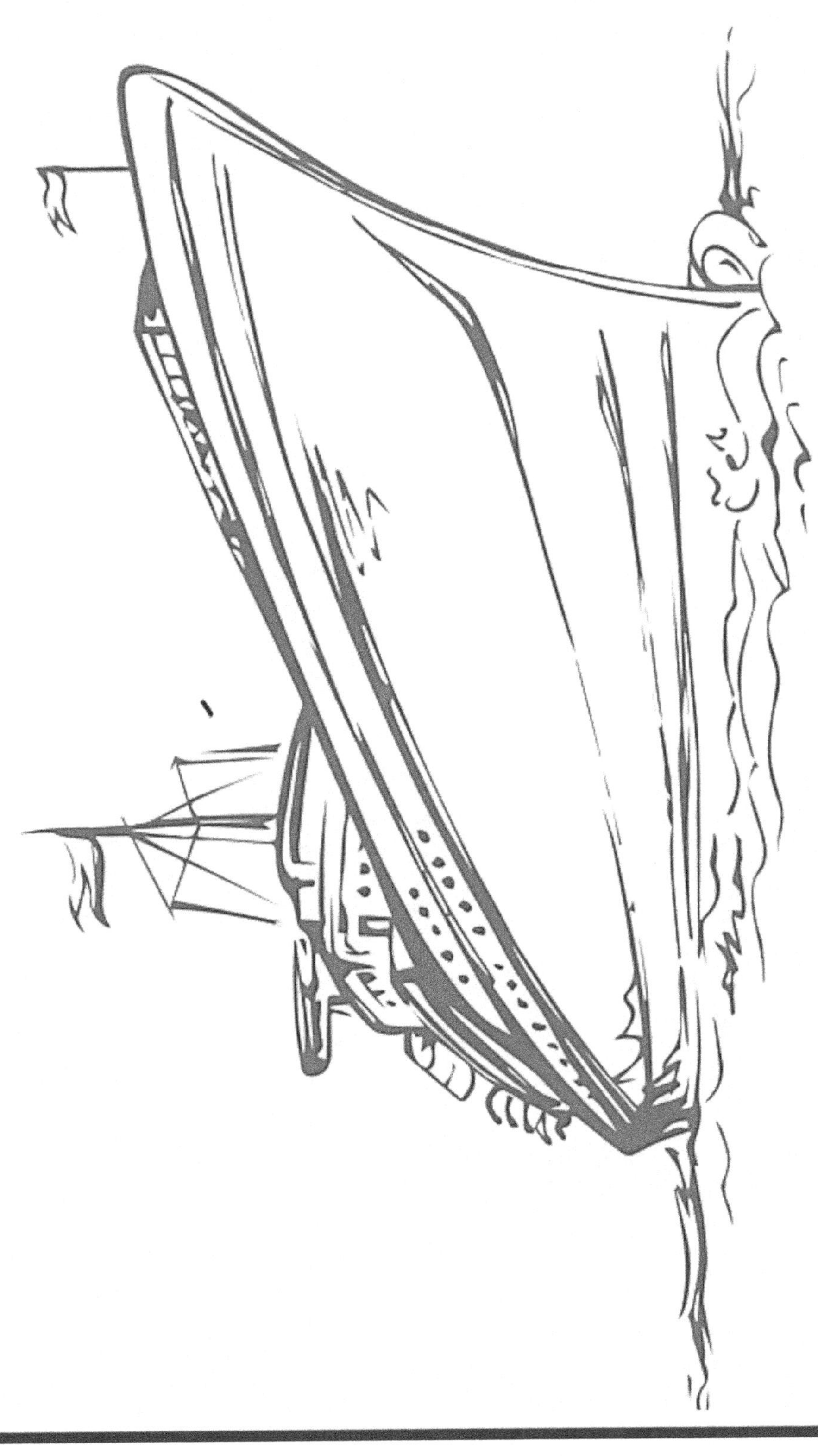

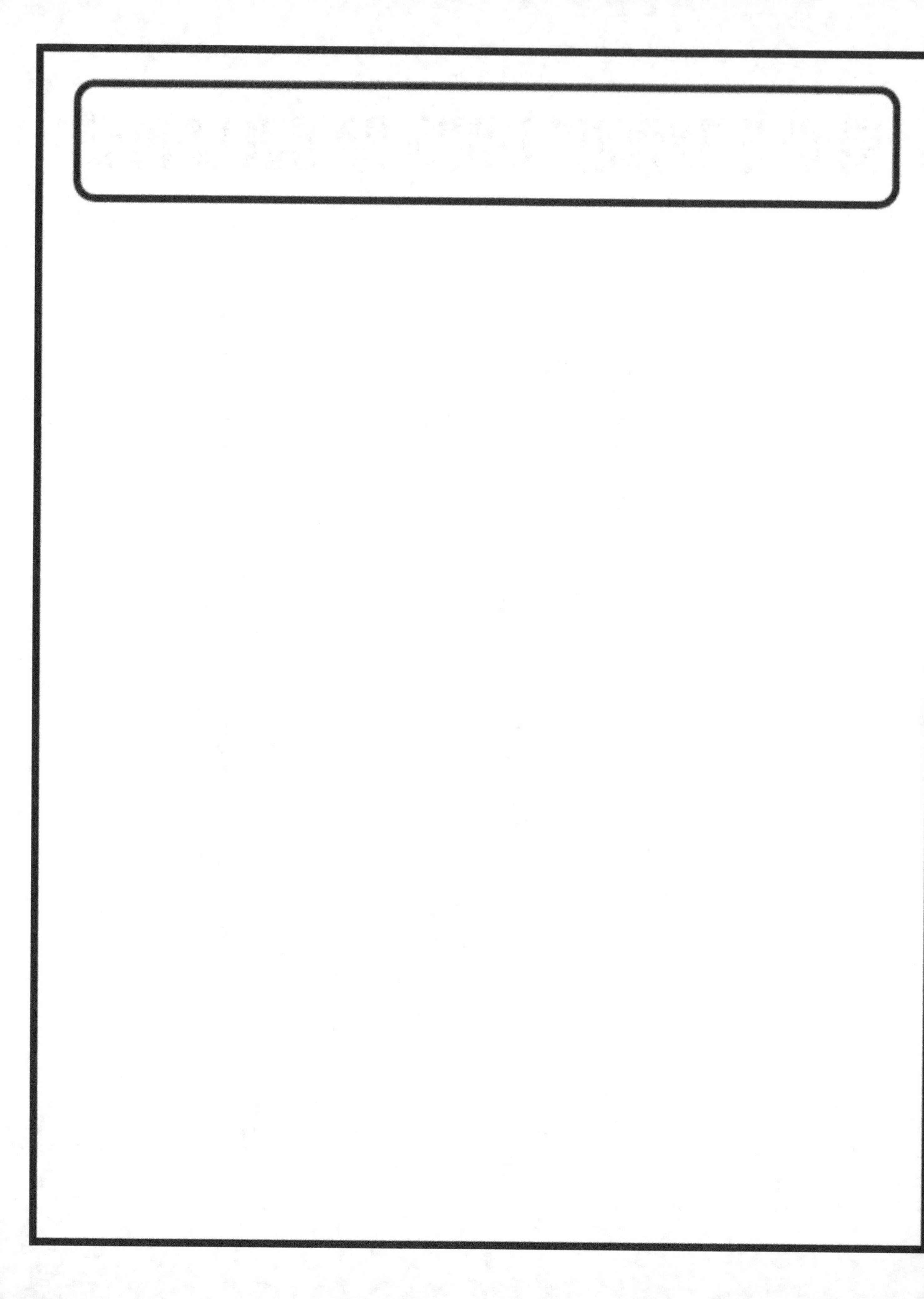

NAVI E BARCHE LIBRO DA COLORARE

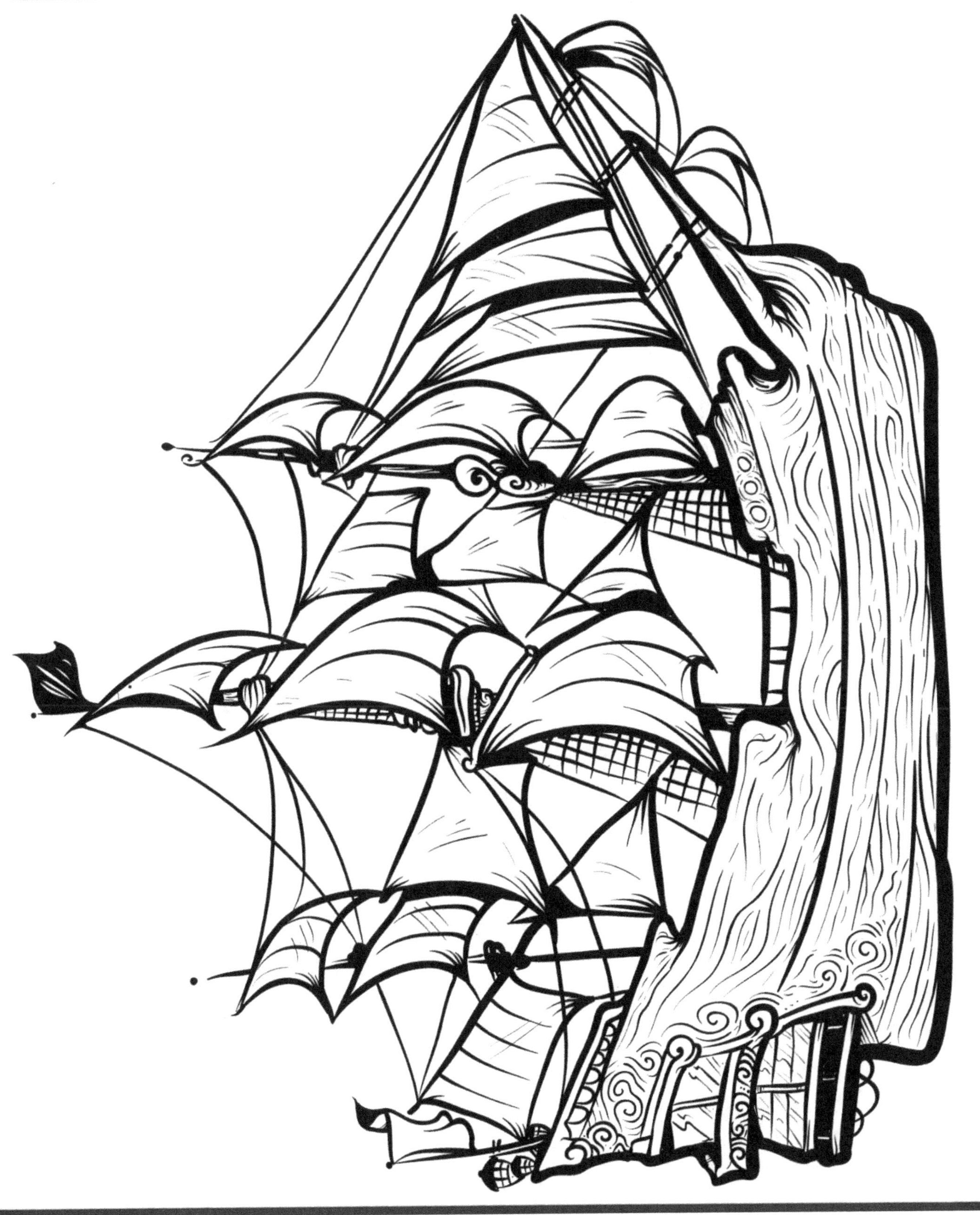

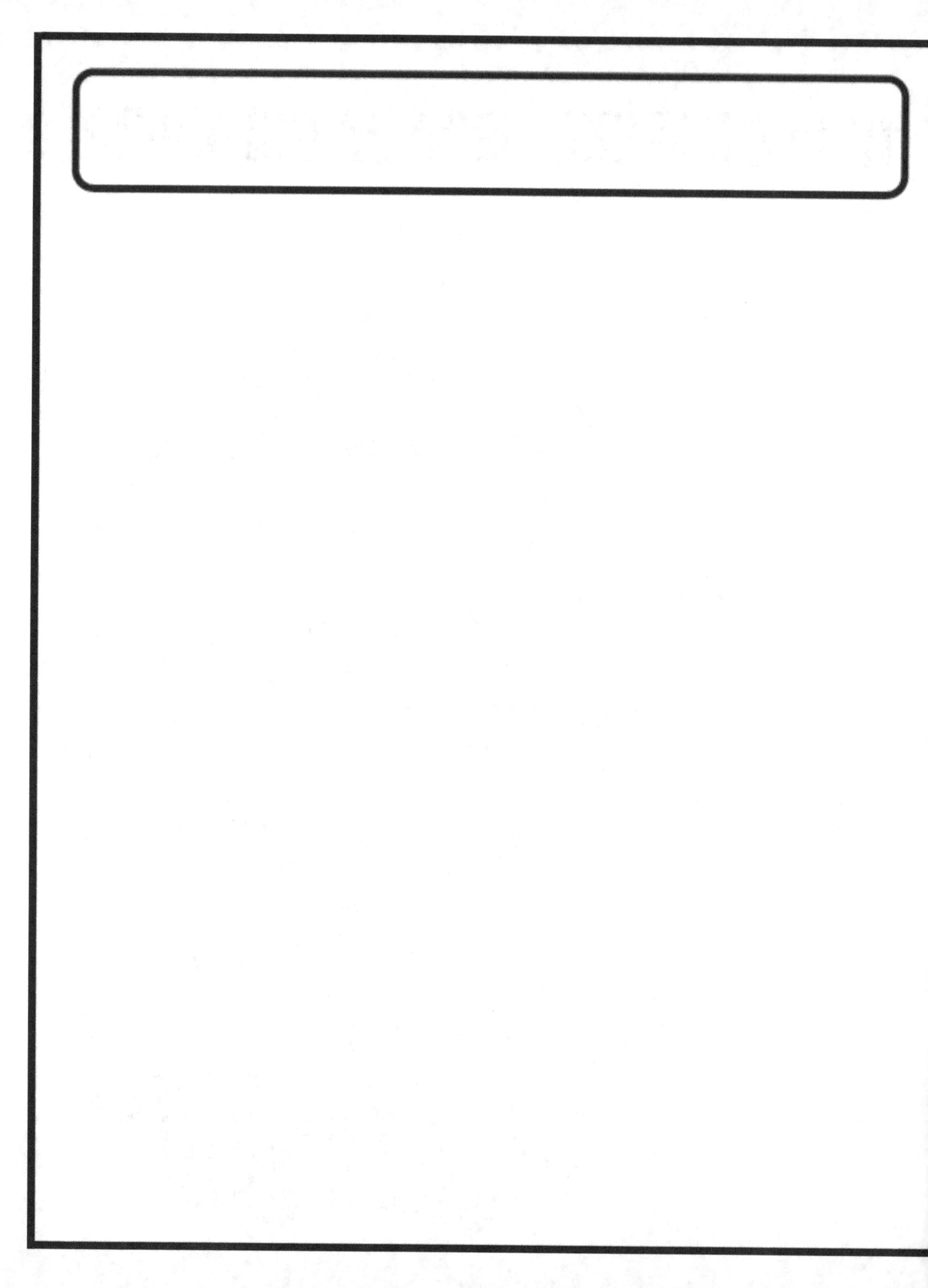

NAVI E BARCHE LIBRO DA COLORARE

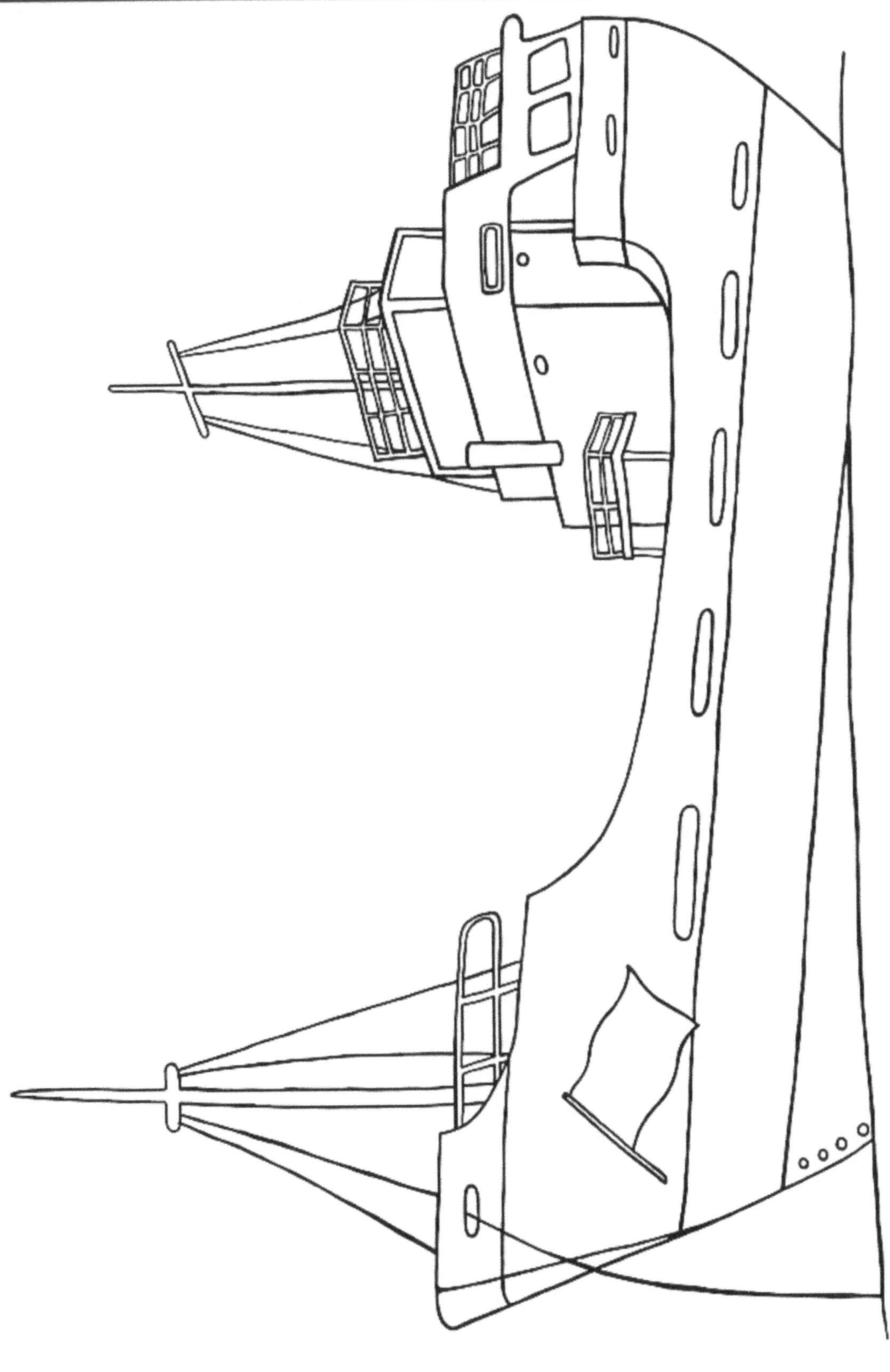

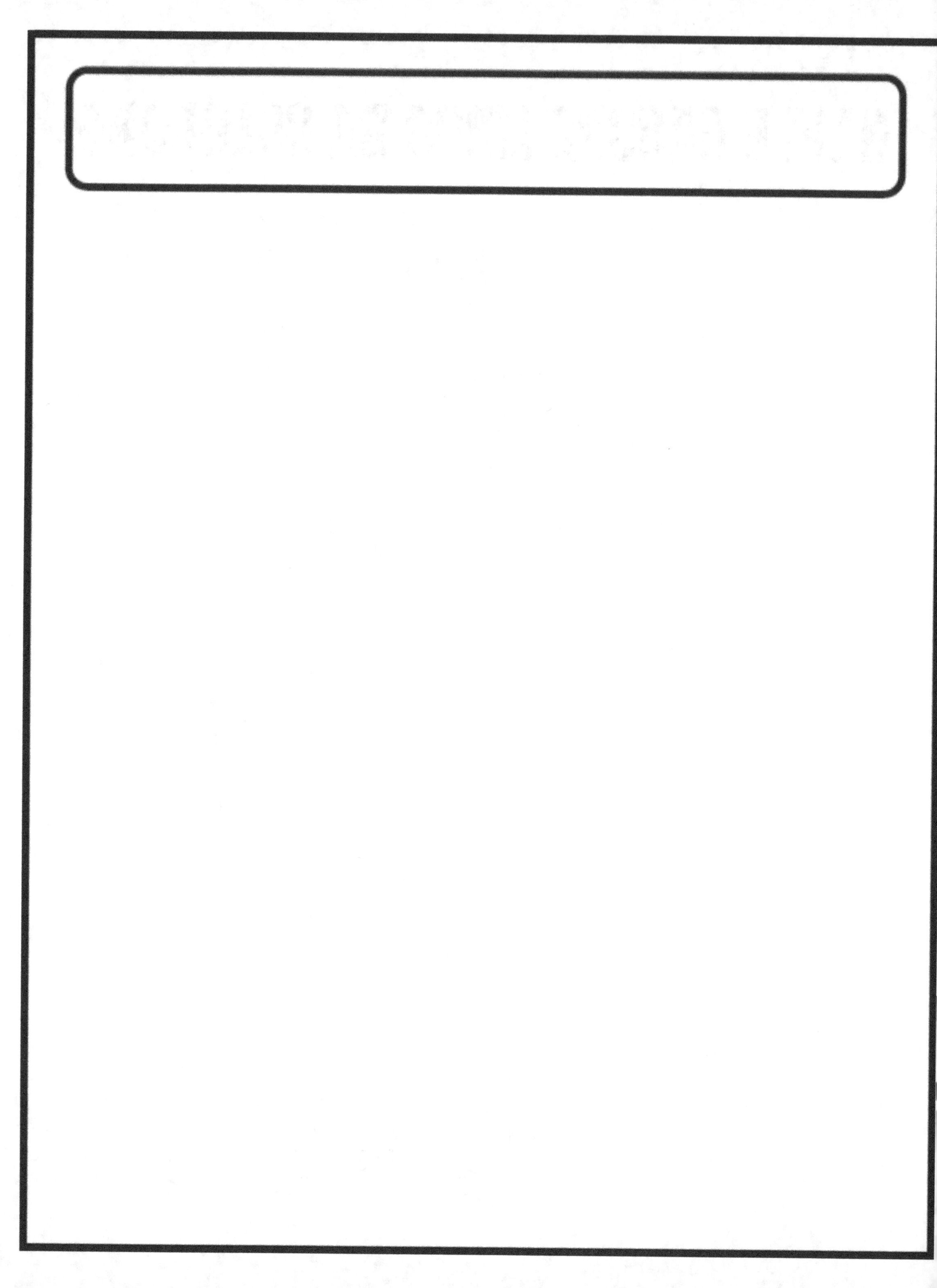

NAVI E BARCHE LIBRO DA COLORARE

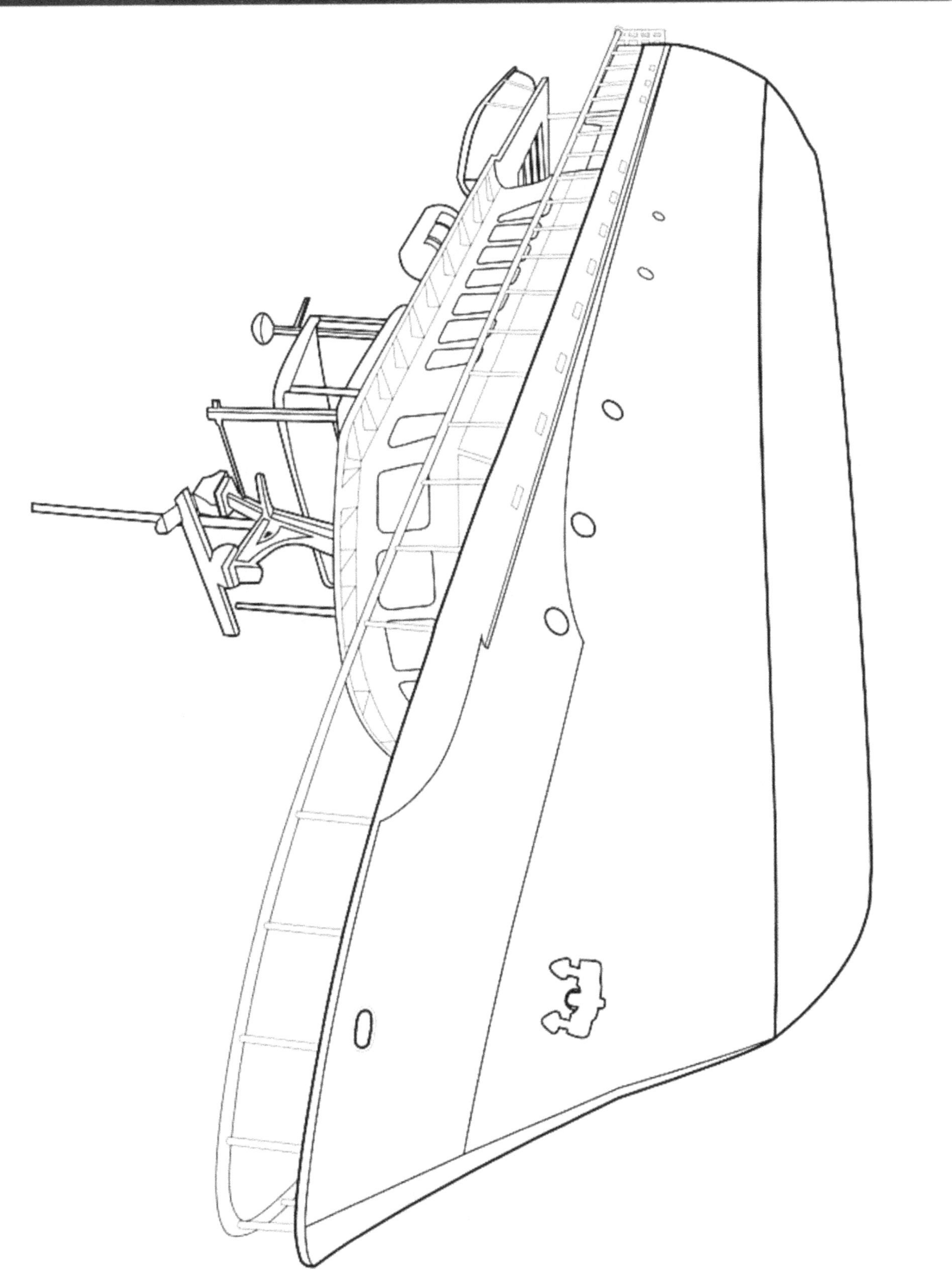

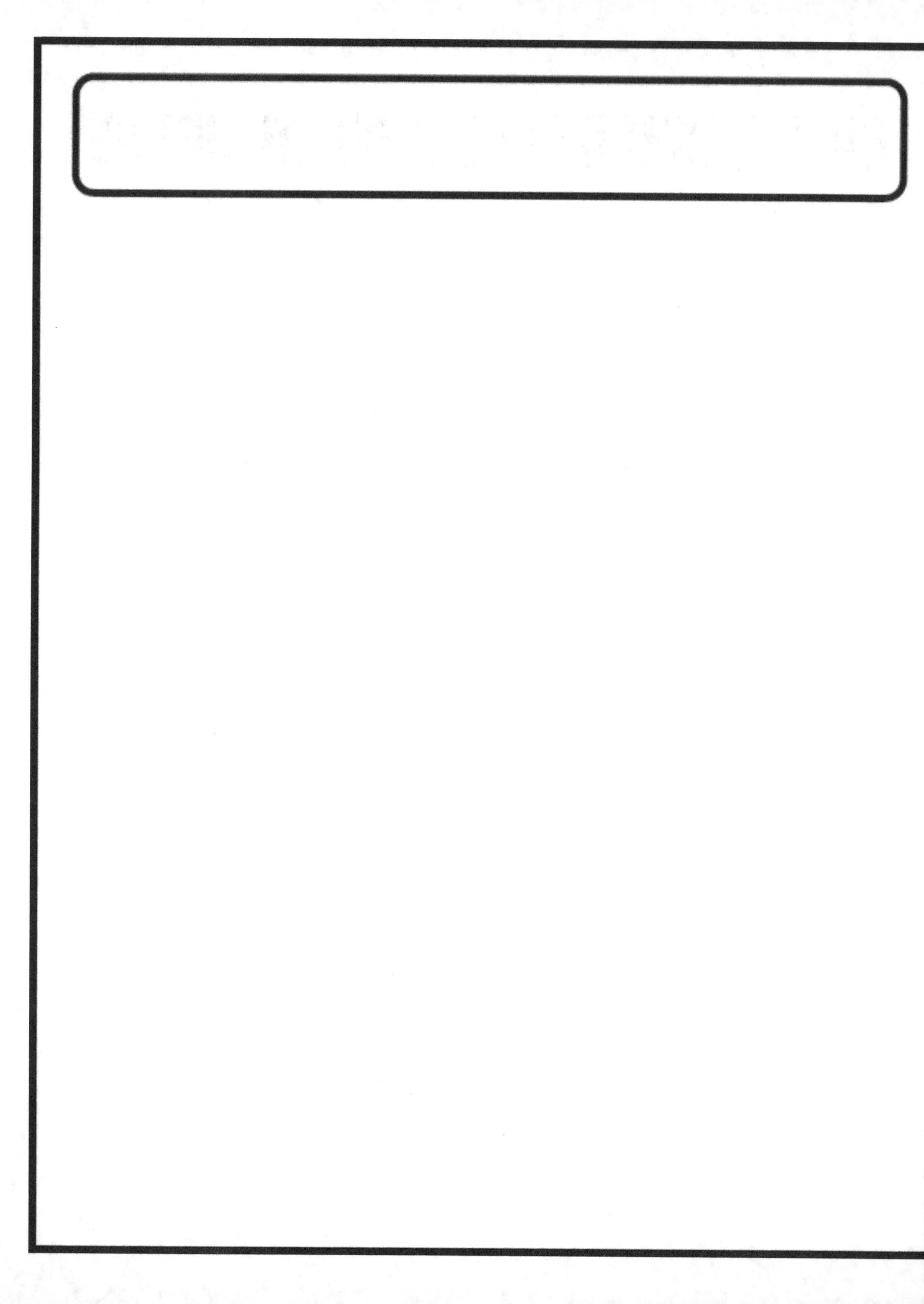

NAVI E BARCHE LIBRO DA COLORARE

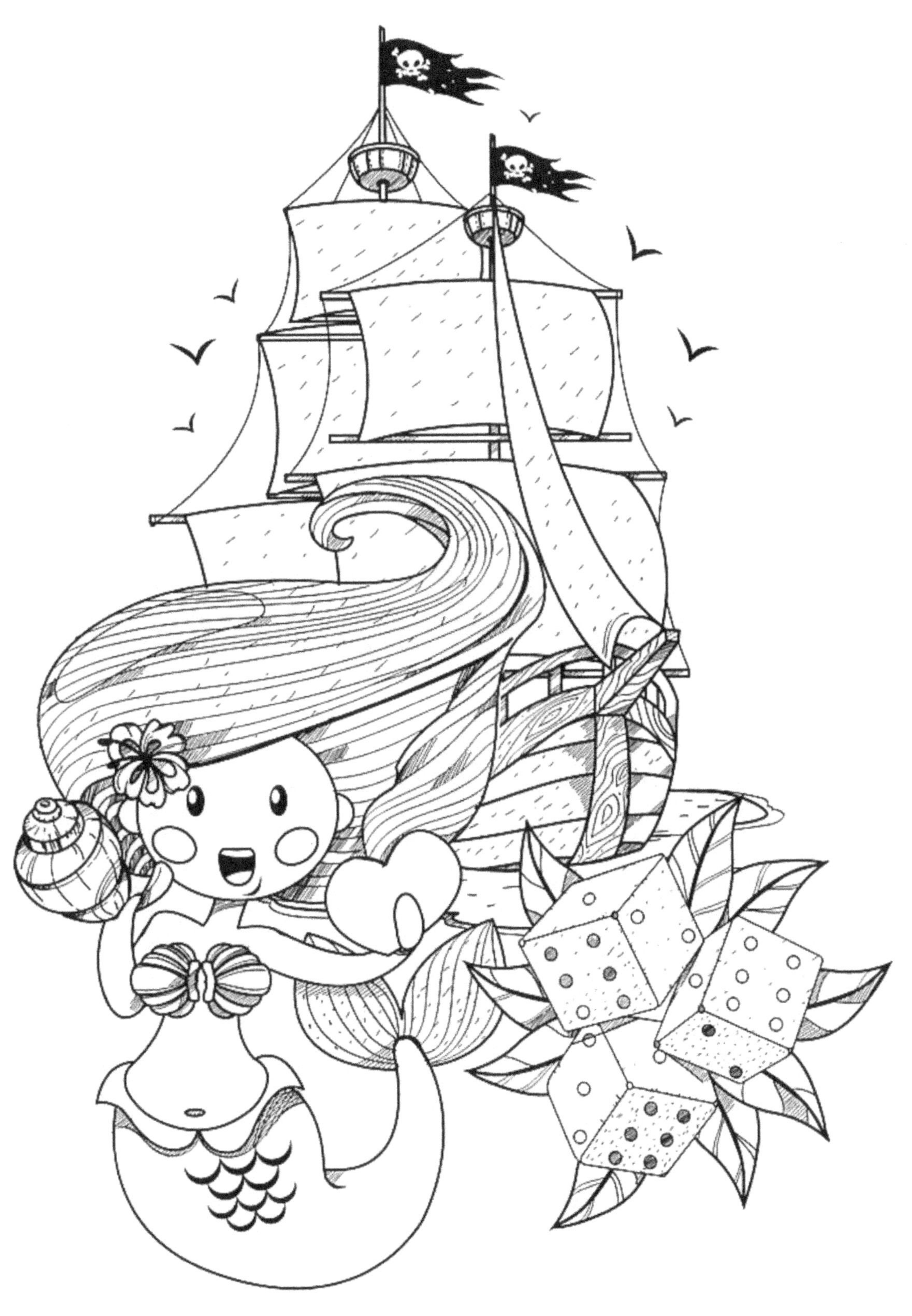

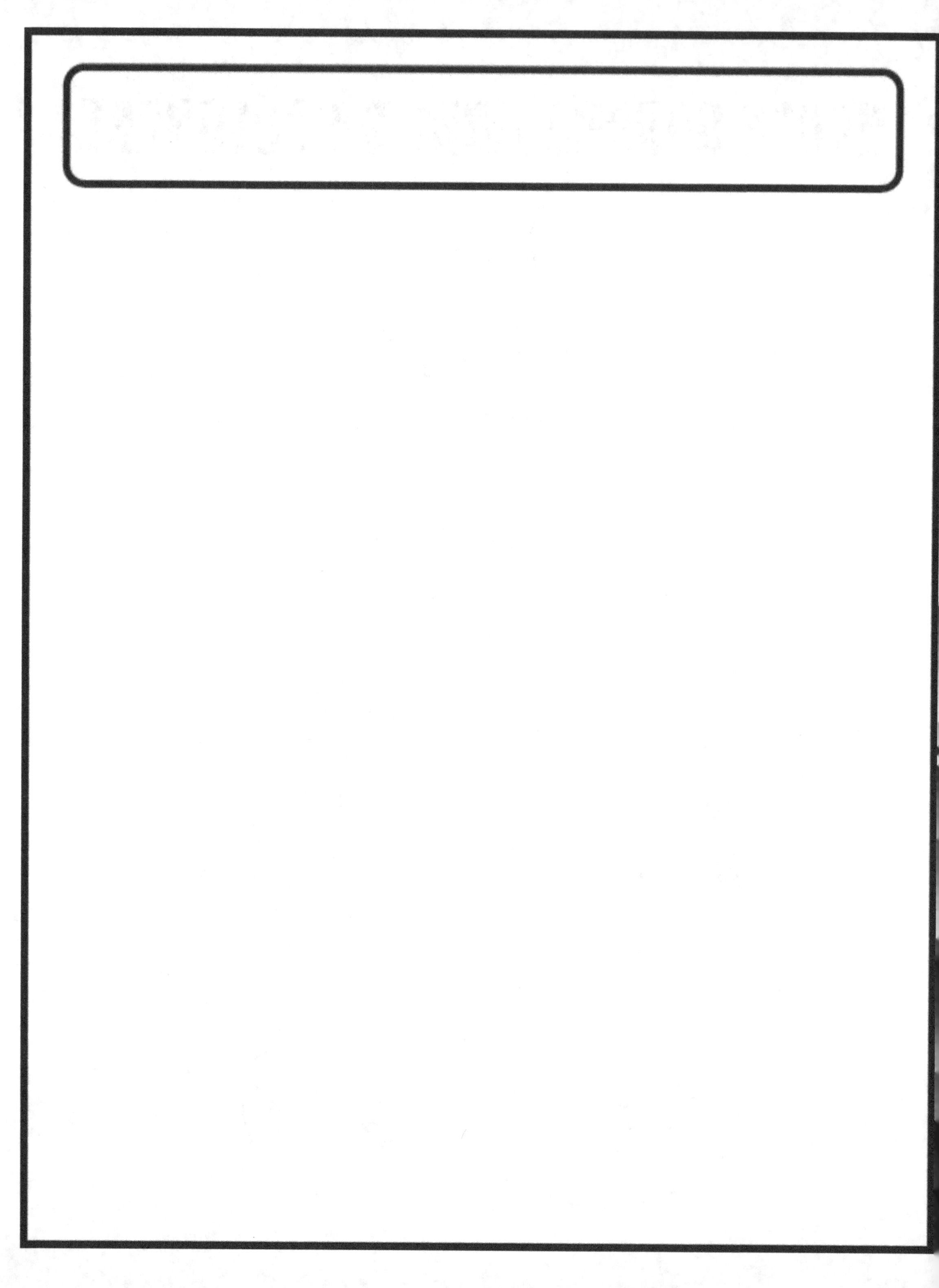

NAVI E BARCHE LIBRO DA COLORARE

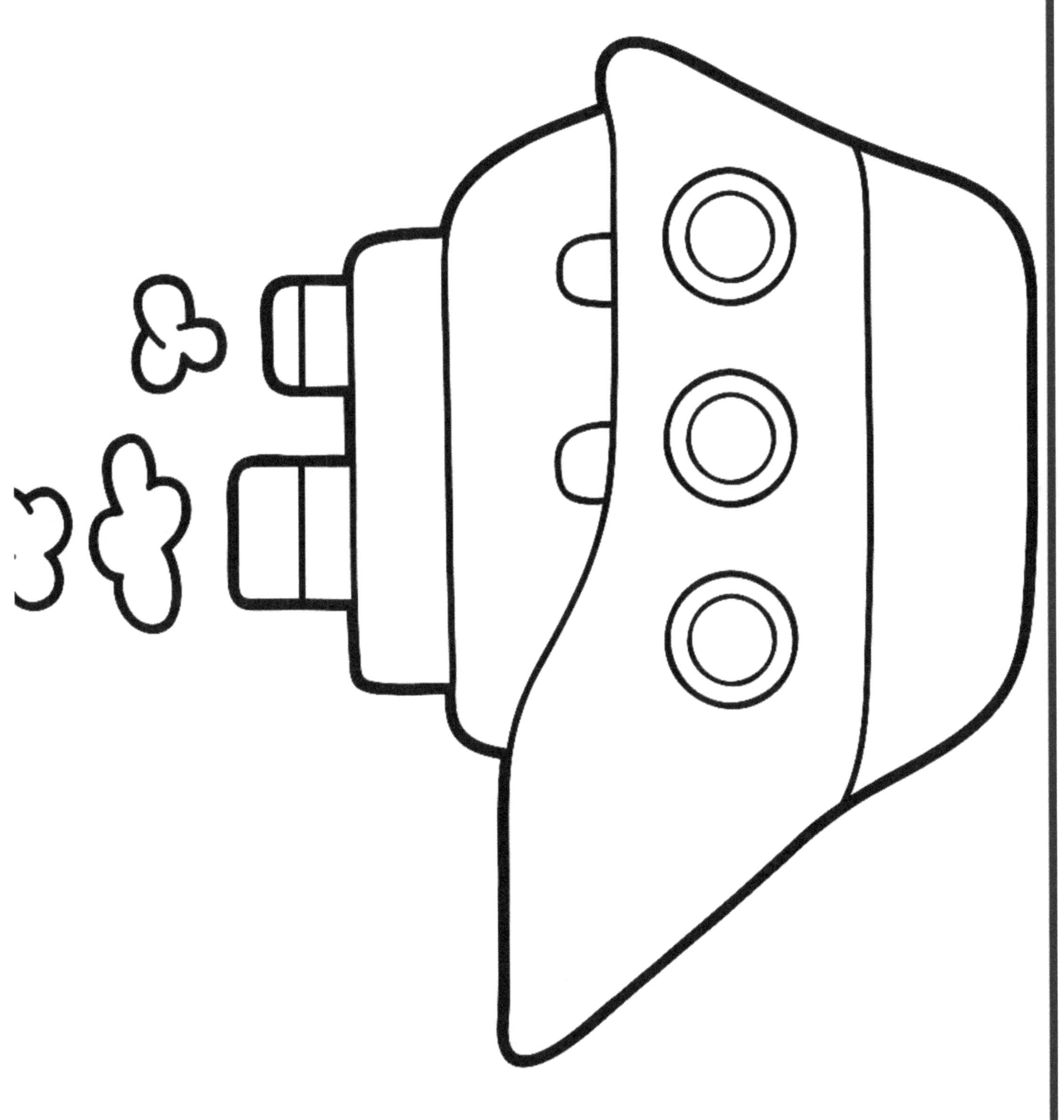

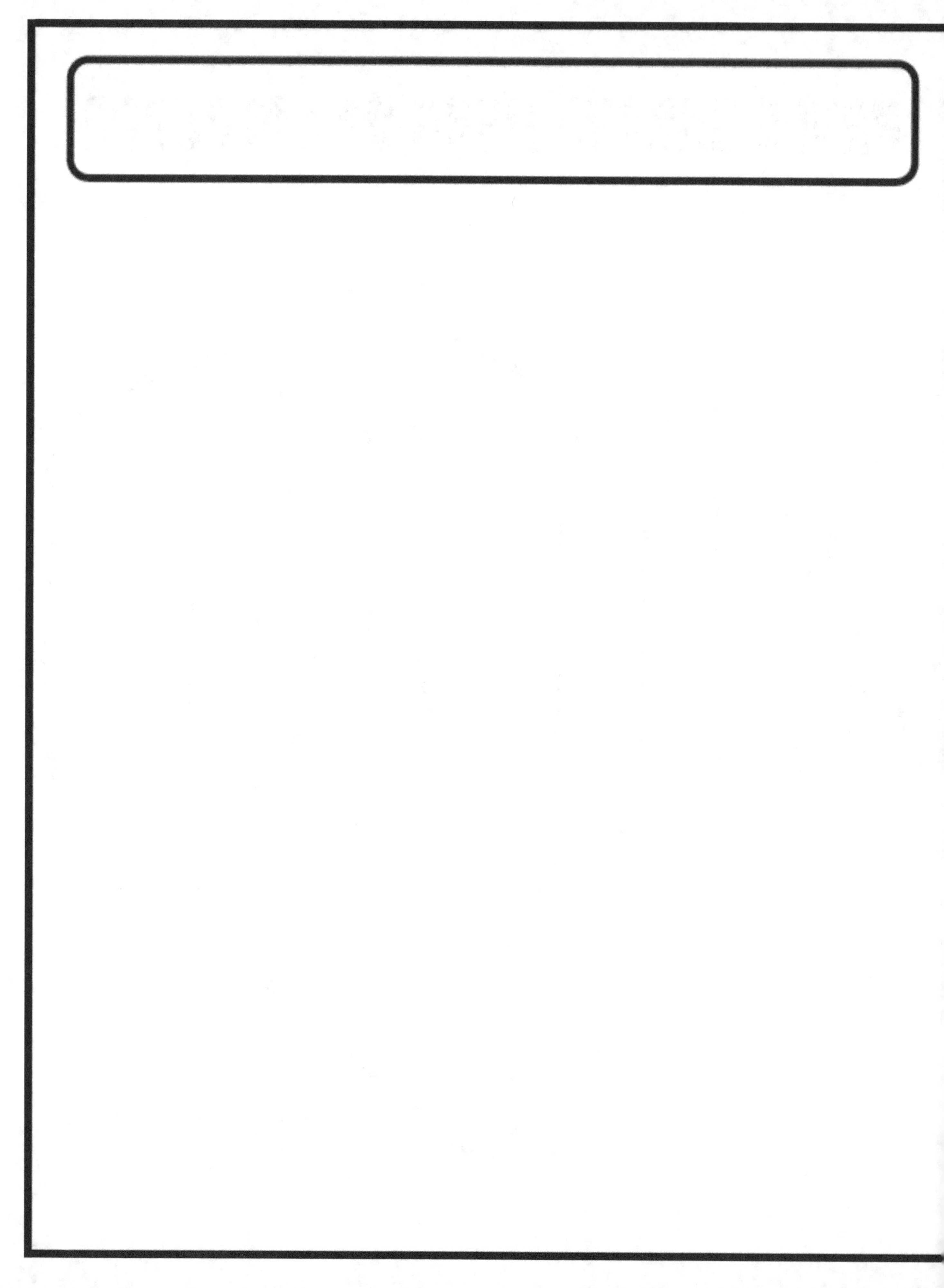

NAVI E BARCHE LIBRO DA COLORARE

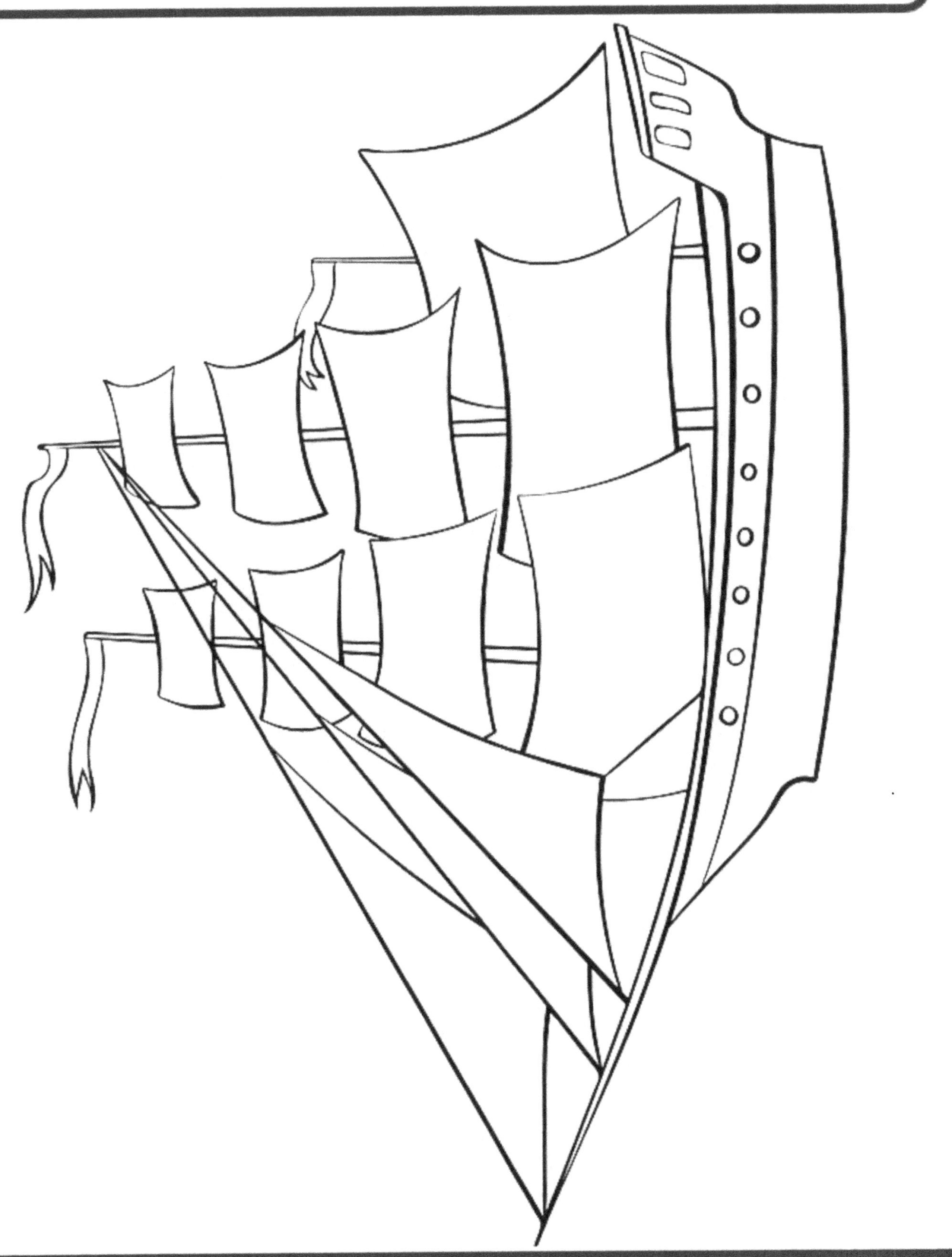

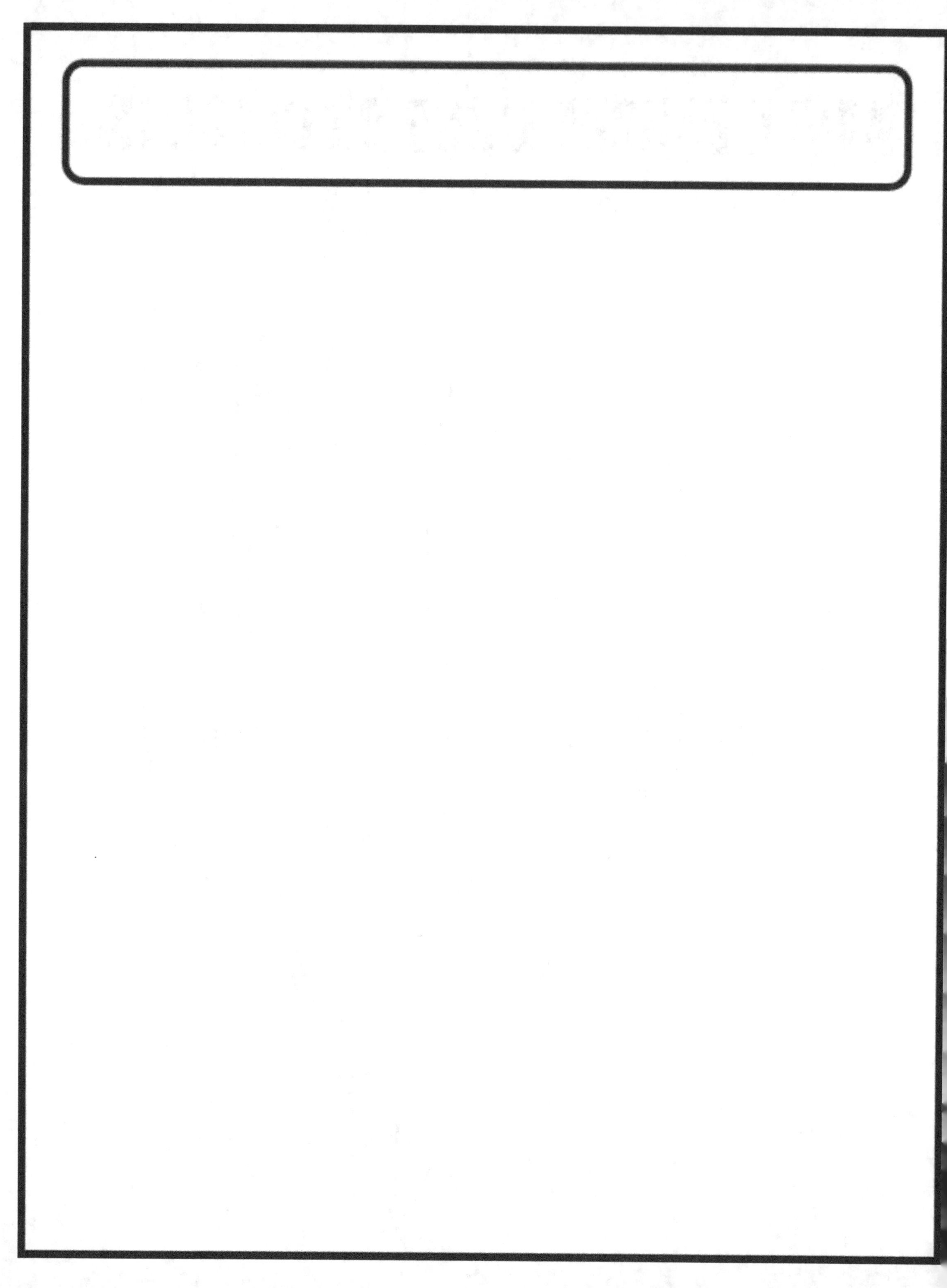

NAVI E BARCHE LIBRO DA COLORARE

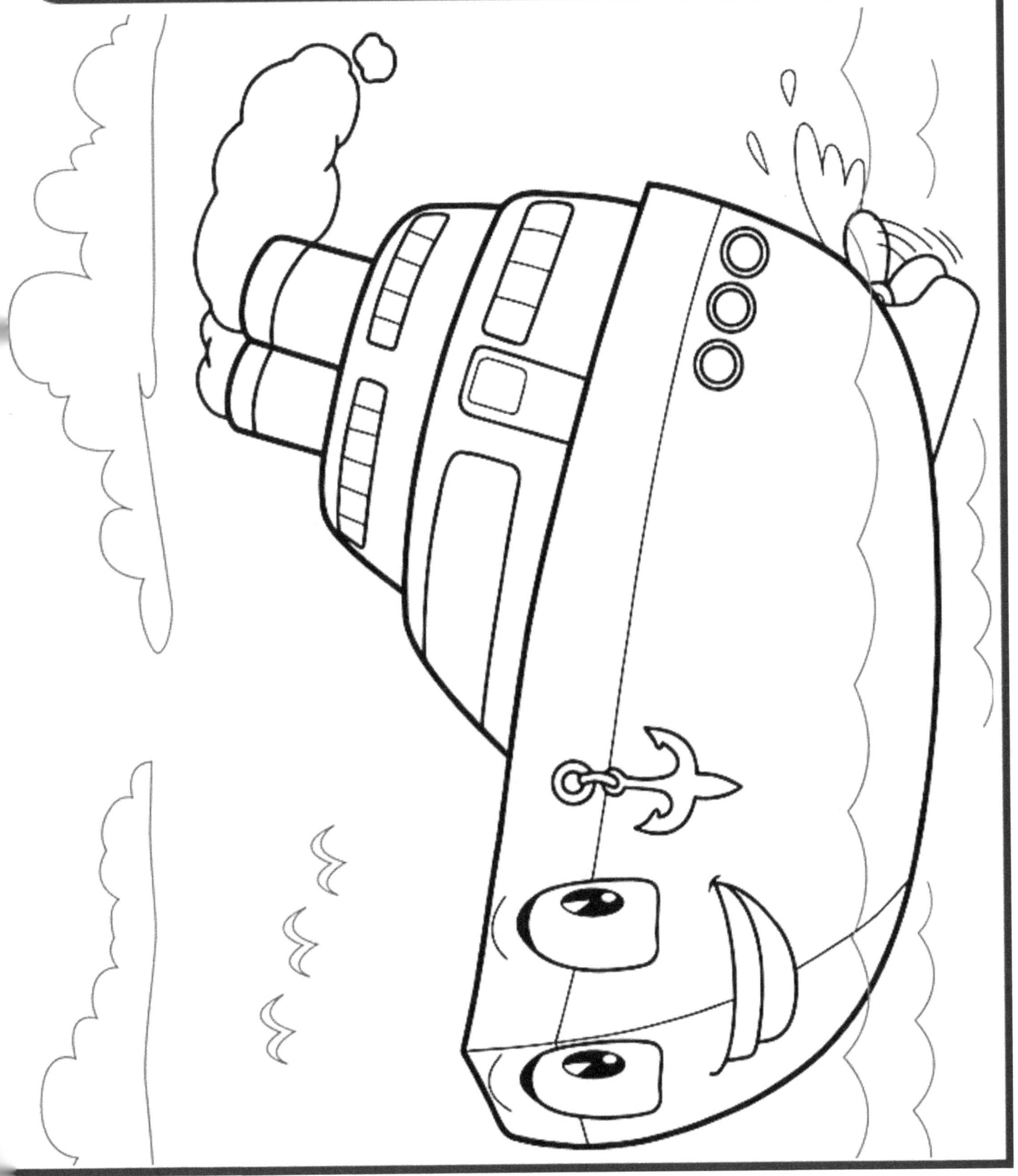

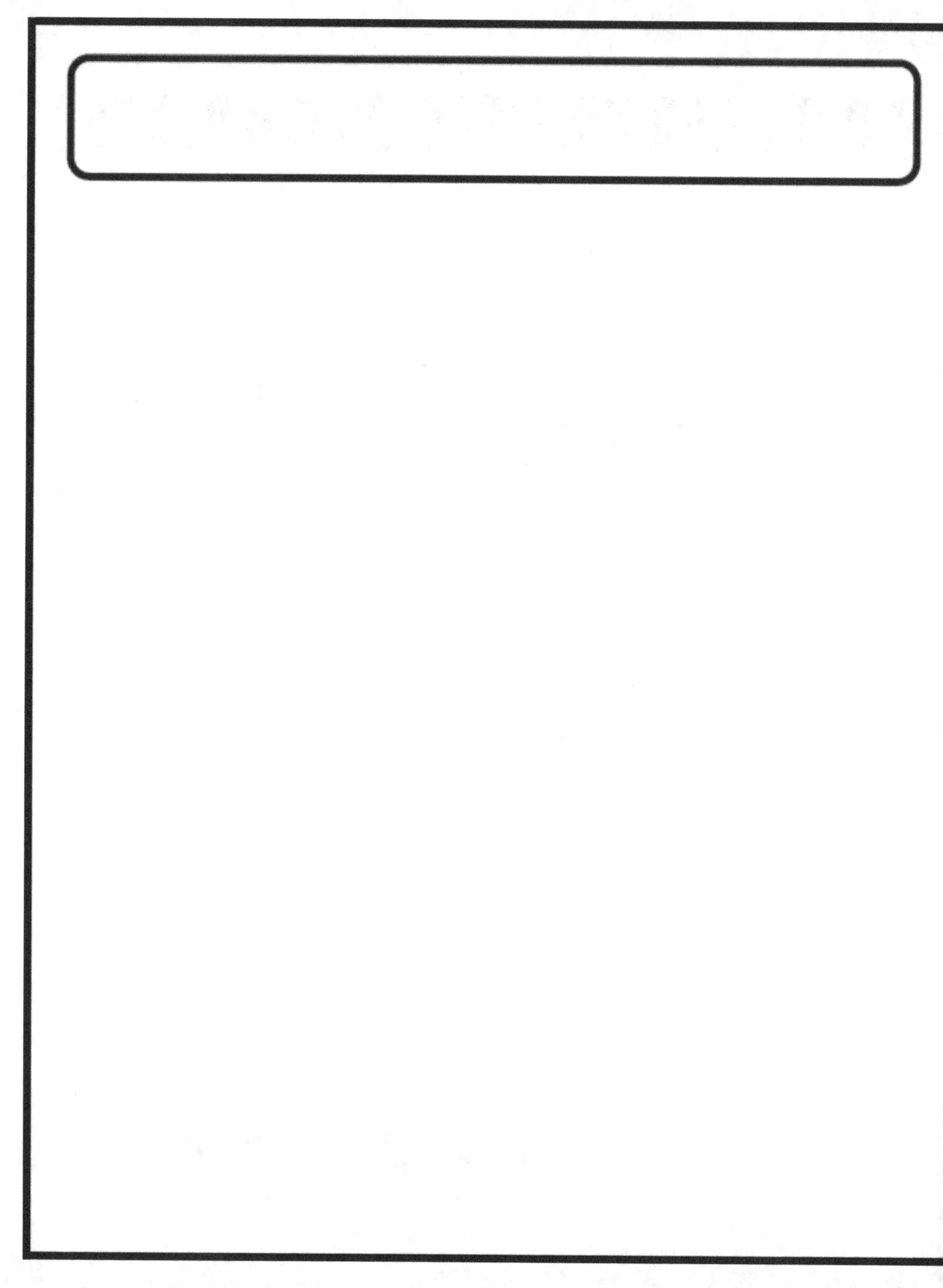

NAVI E BARCHE LIBRO DA COLORARE

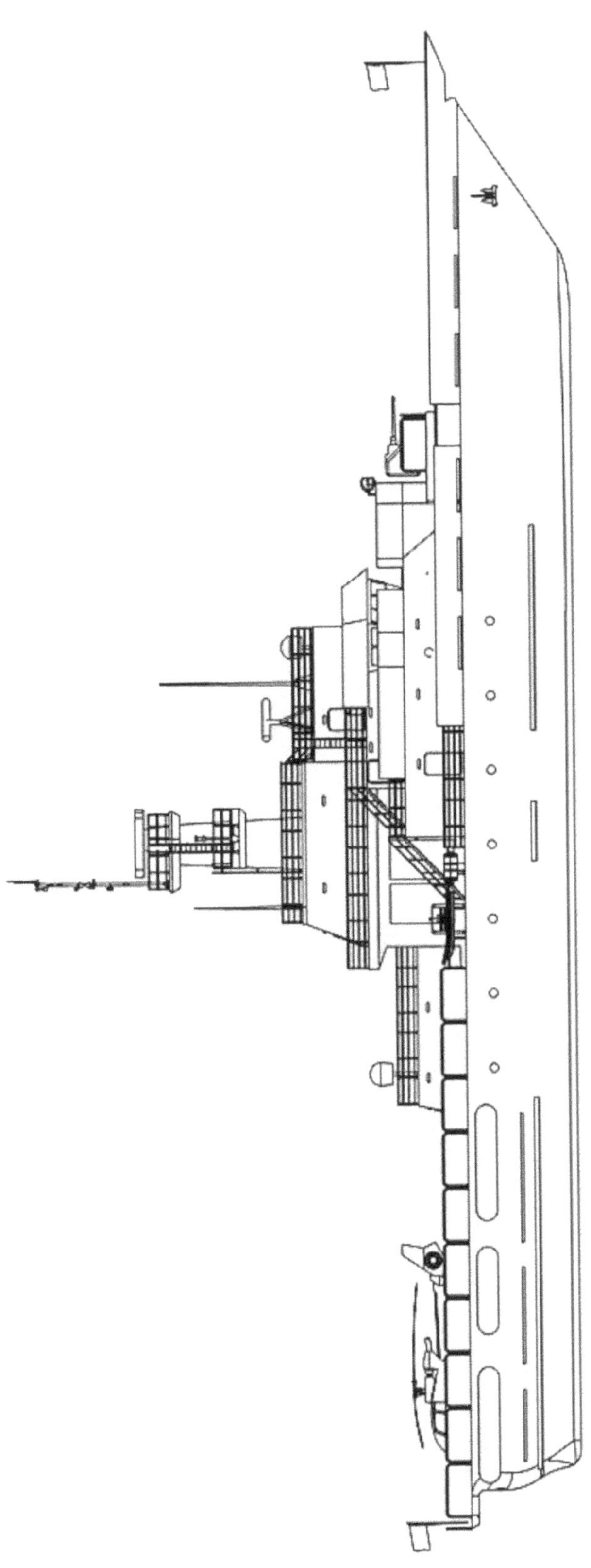

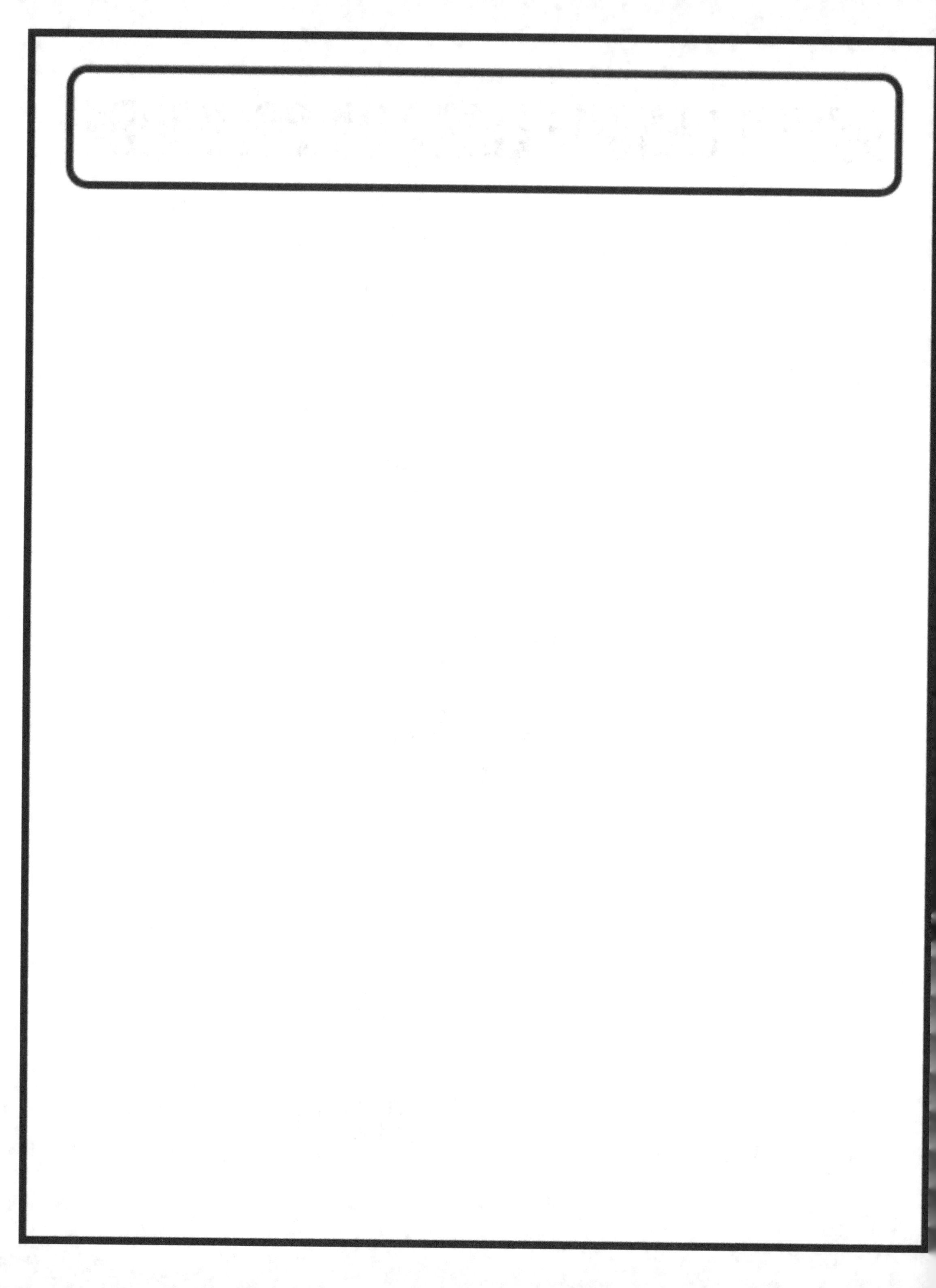

NAVI E BARCHE LIBRO DA COLORARE

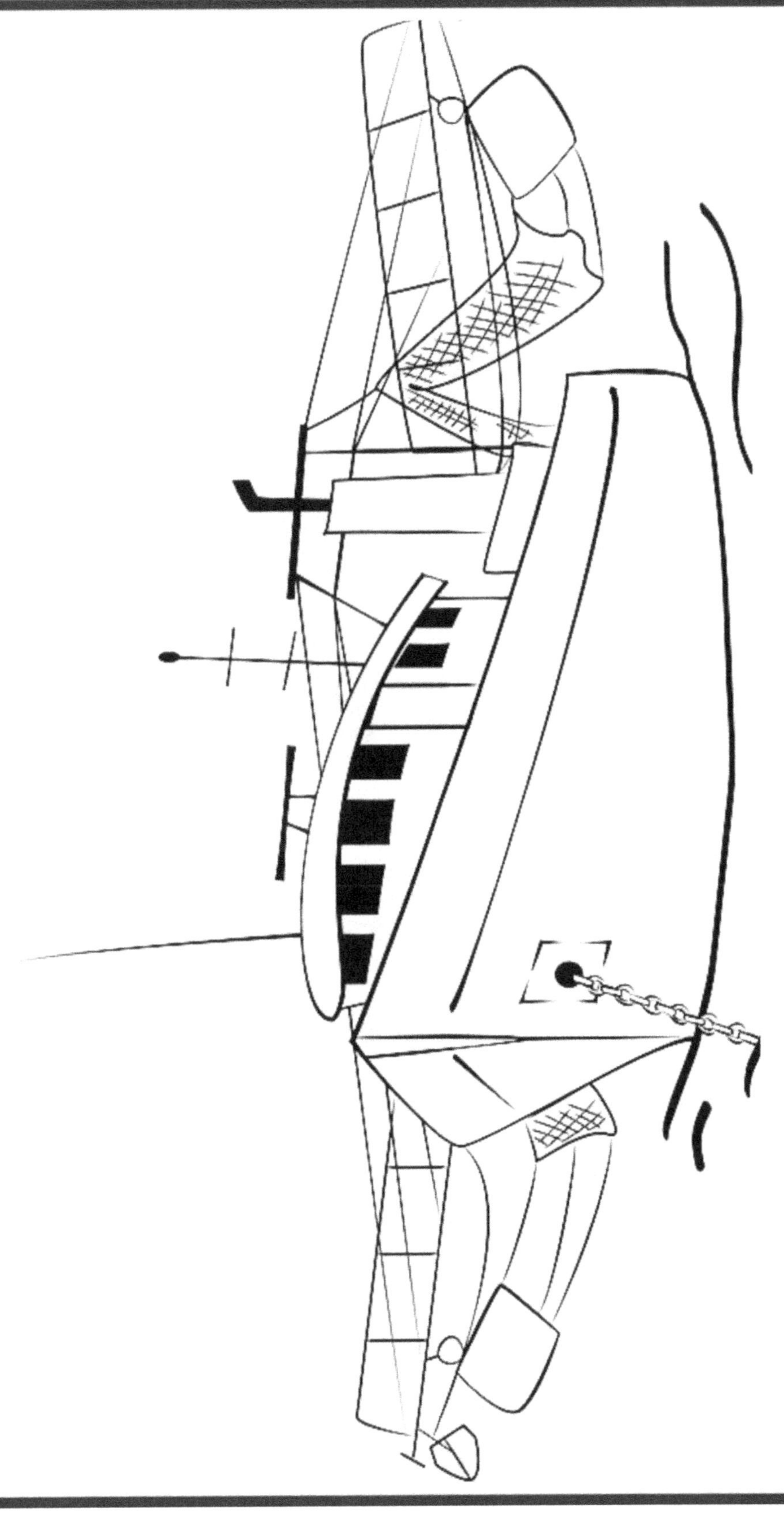

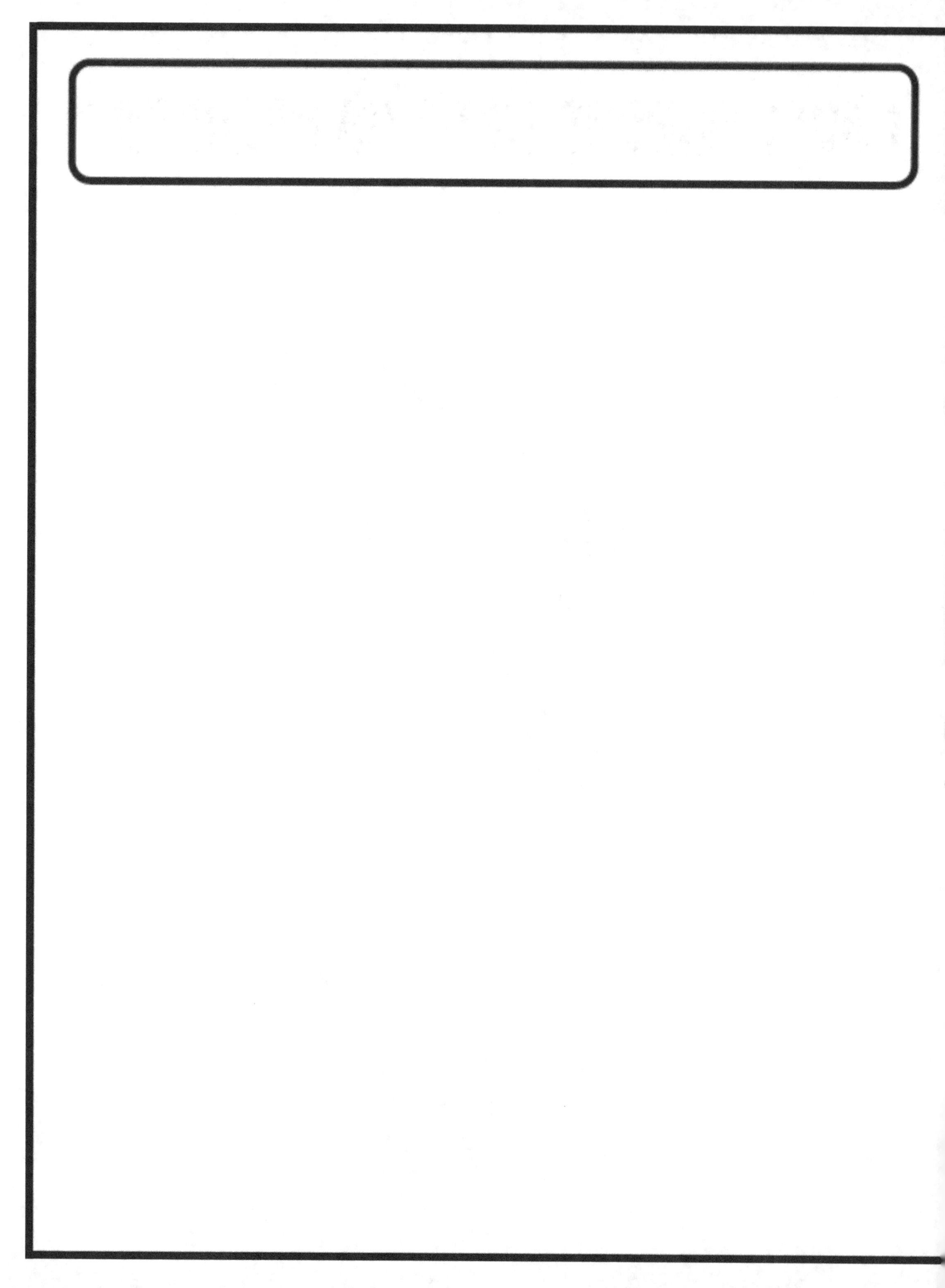

NAVI E BARCHE LIBRO DA COLORARE

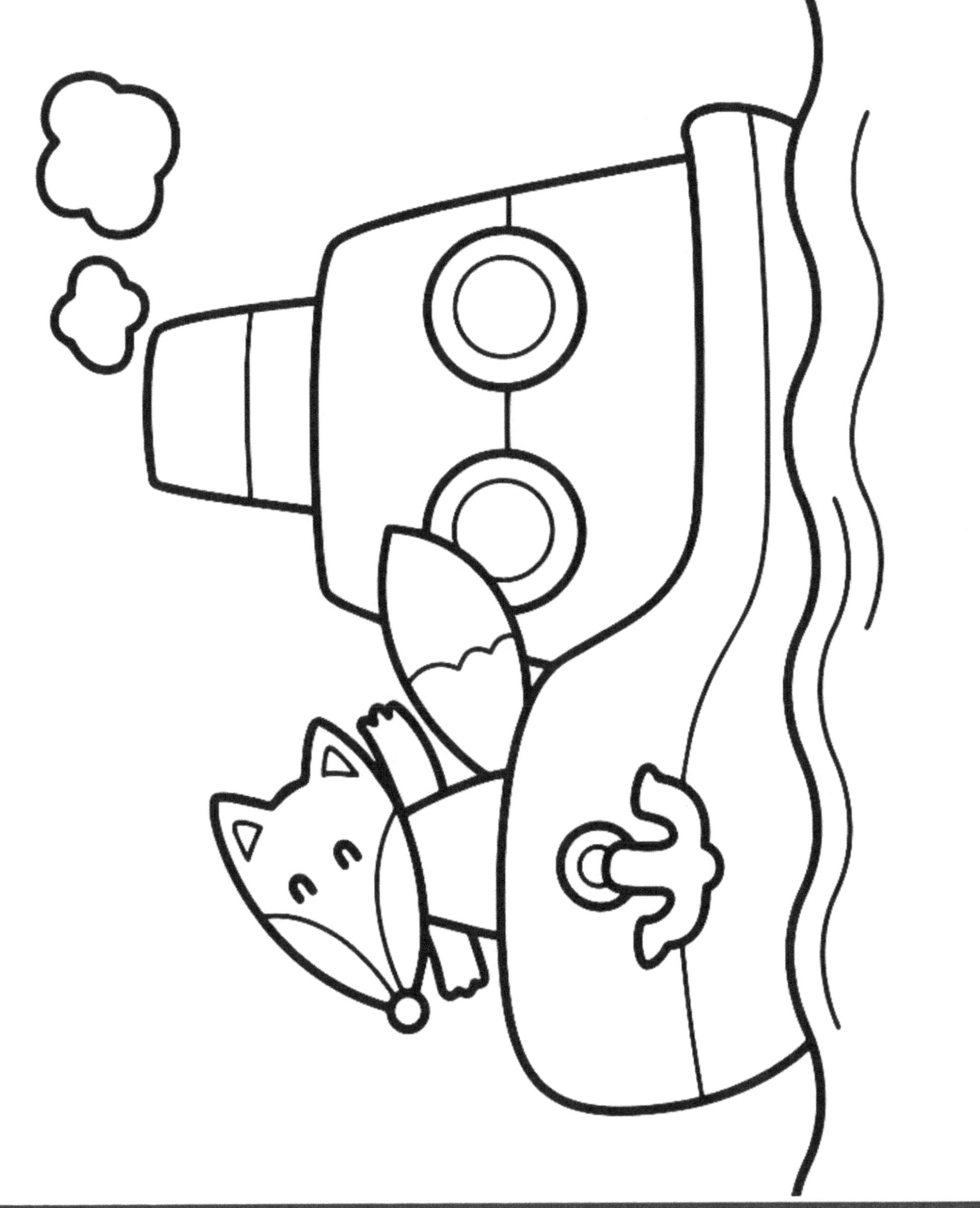

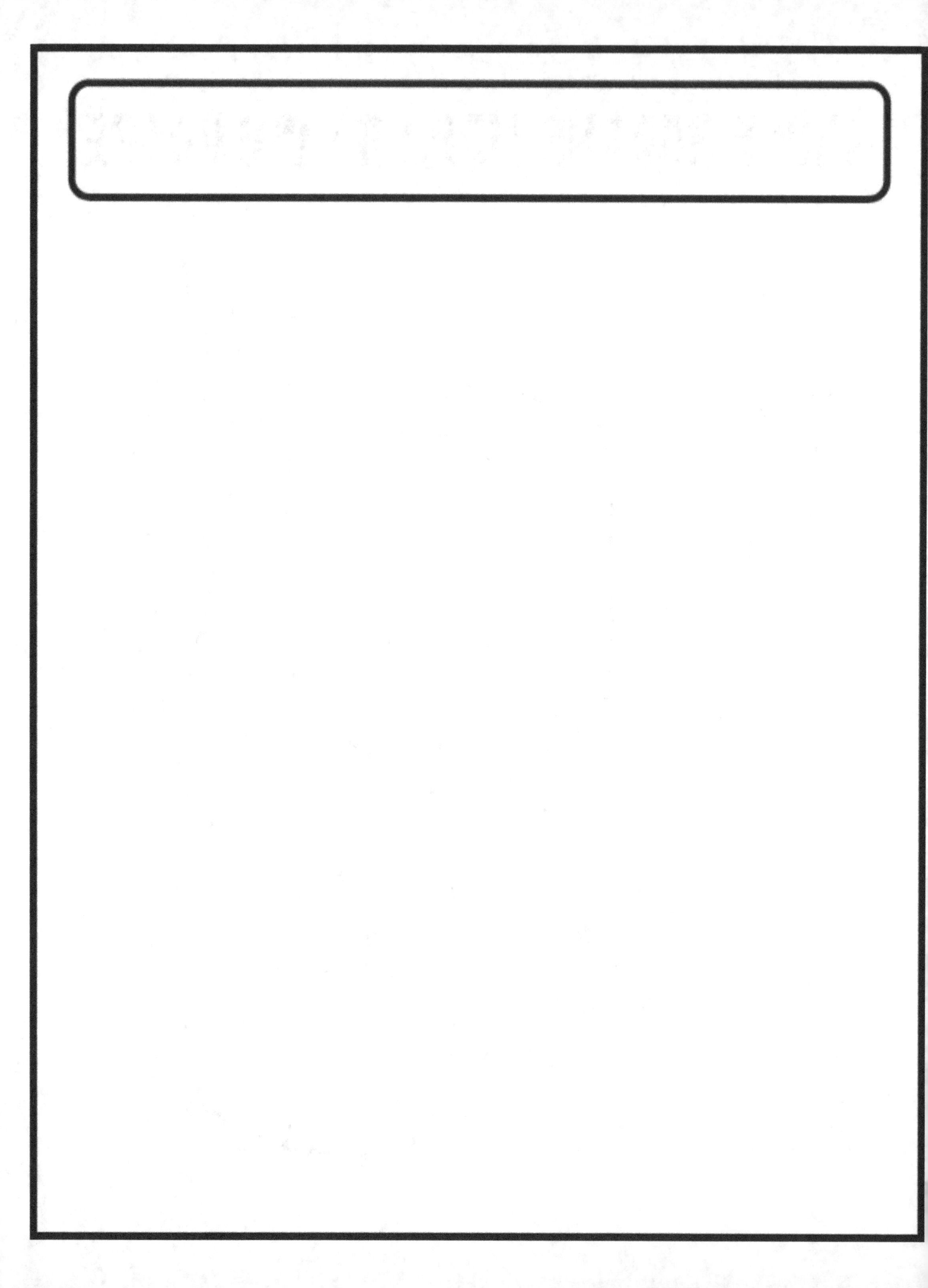

NAVI E BARCHE LIBRO DA COLORARE

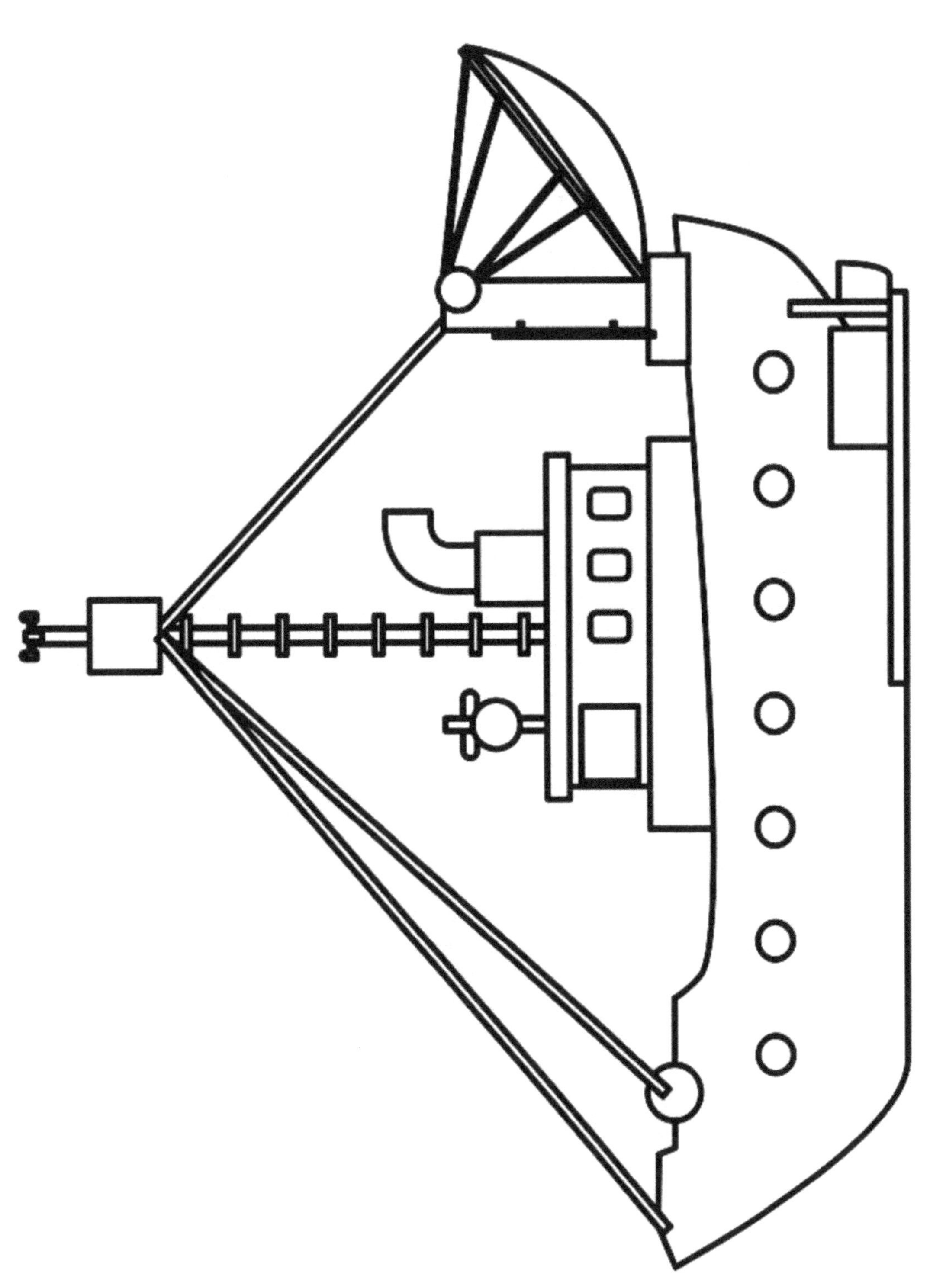

NAVI E BARCHE LIBRO DA COLORARE

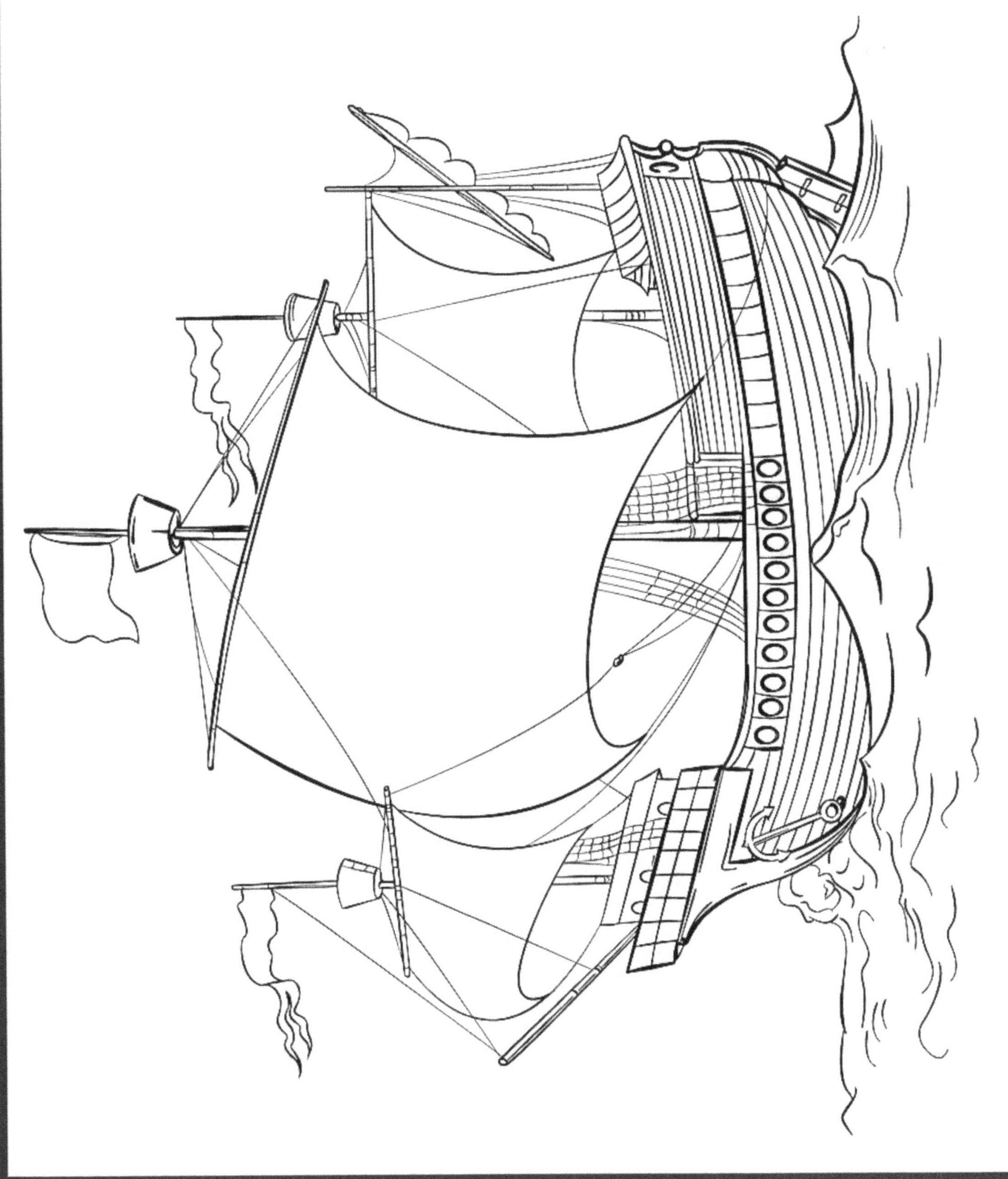

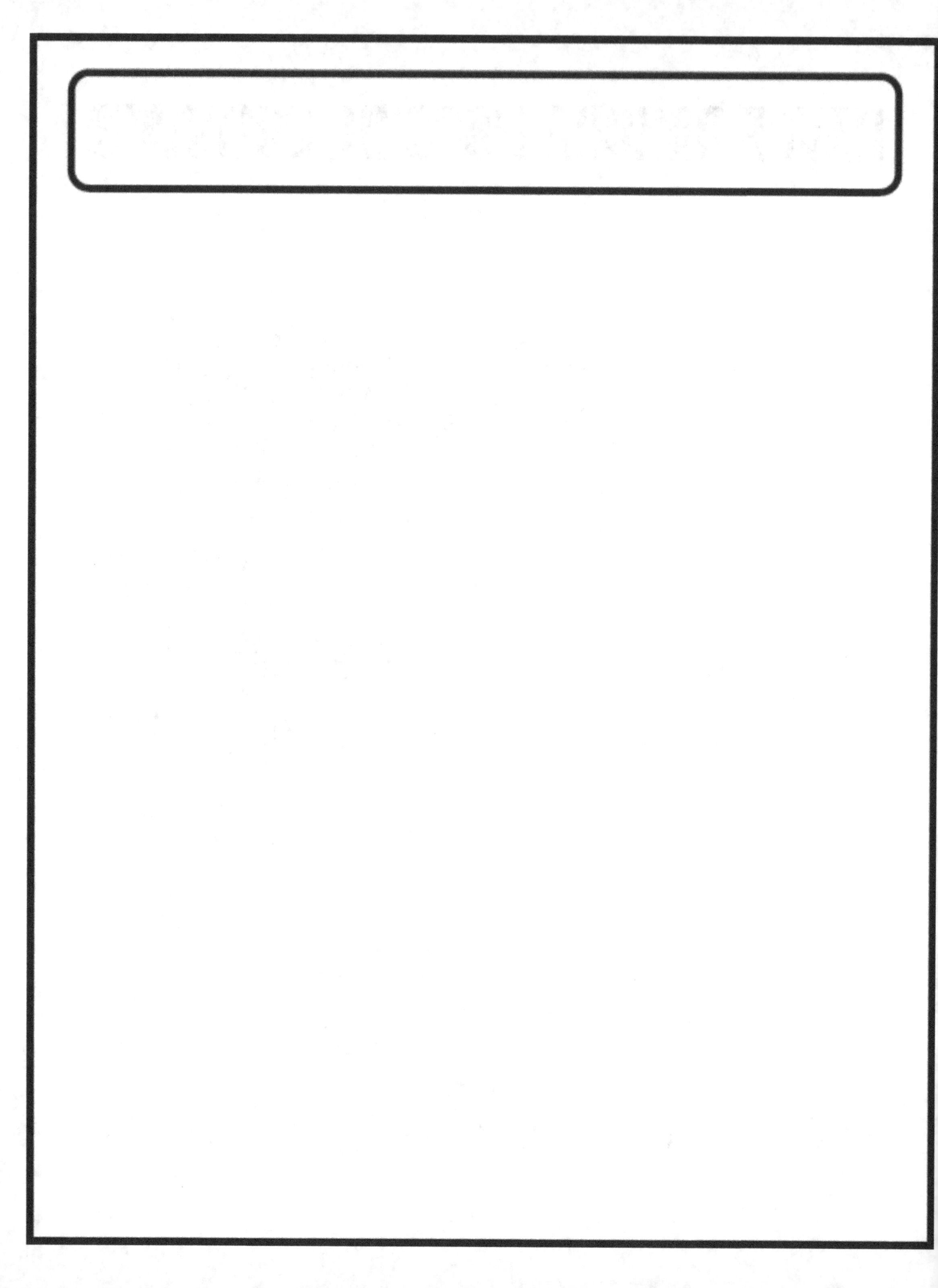

NAVI E BARCHE LIBRO DA COLORARE

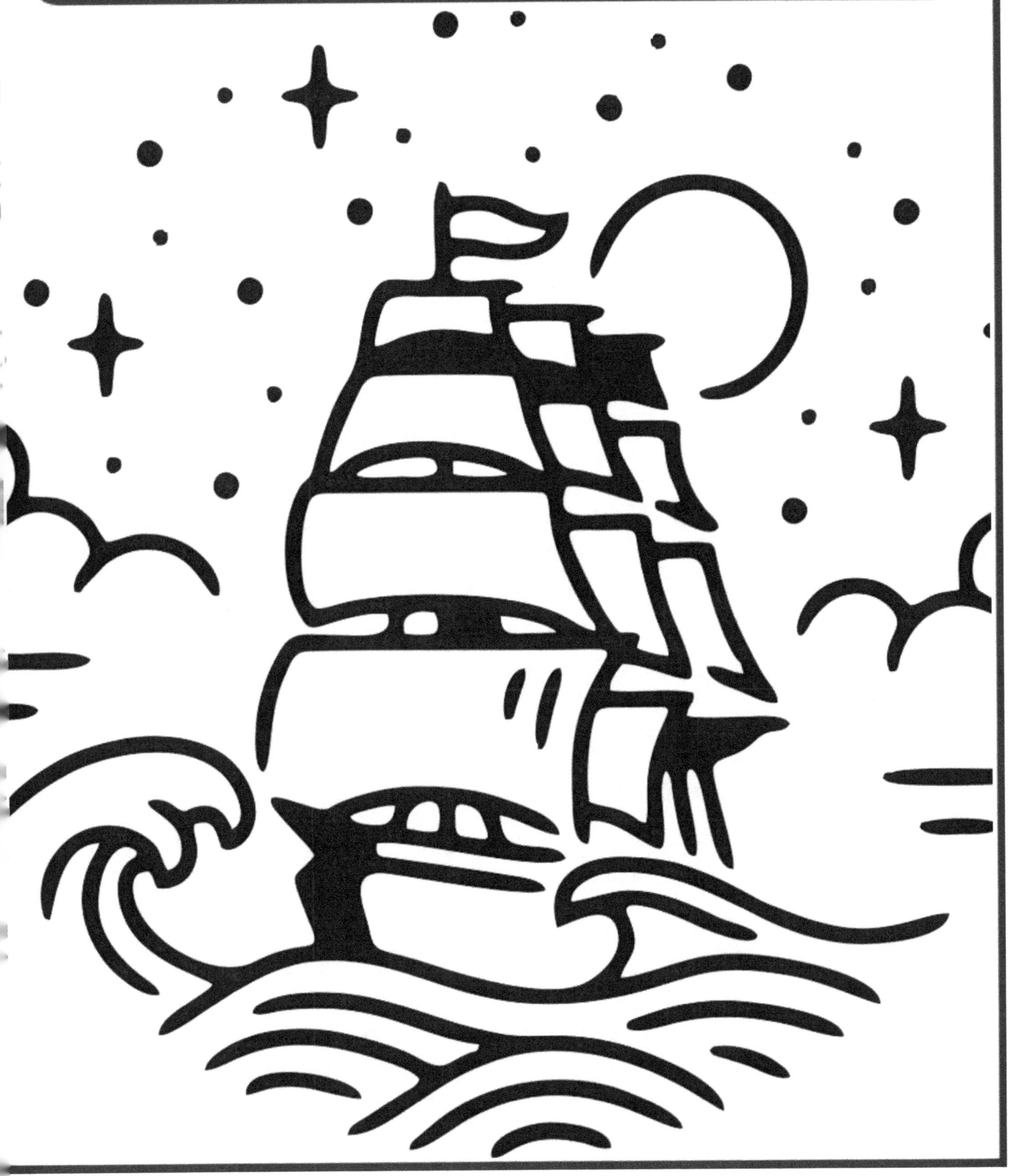

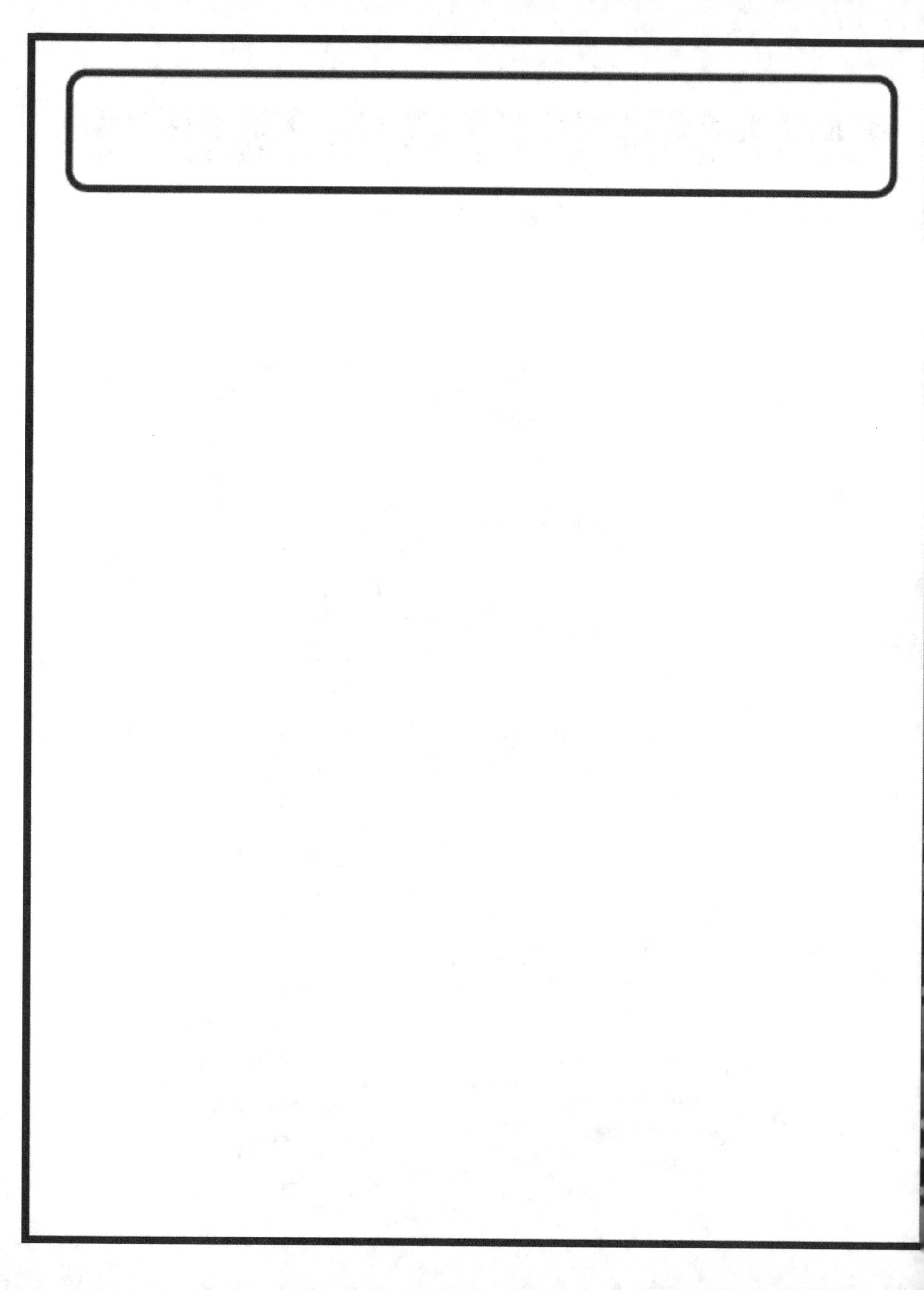

NAVI E BARCHE LIBRO DA COLORARE

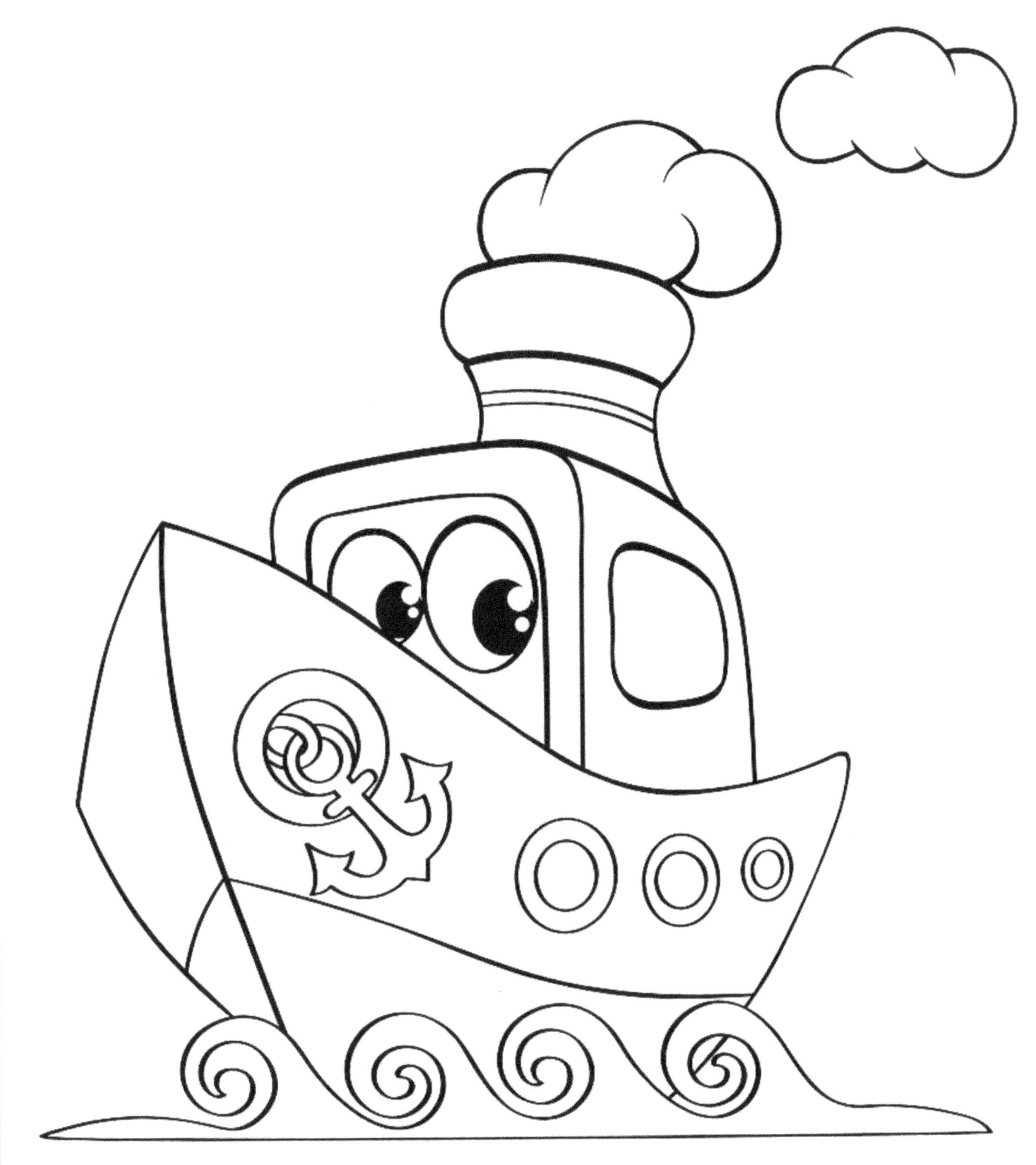

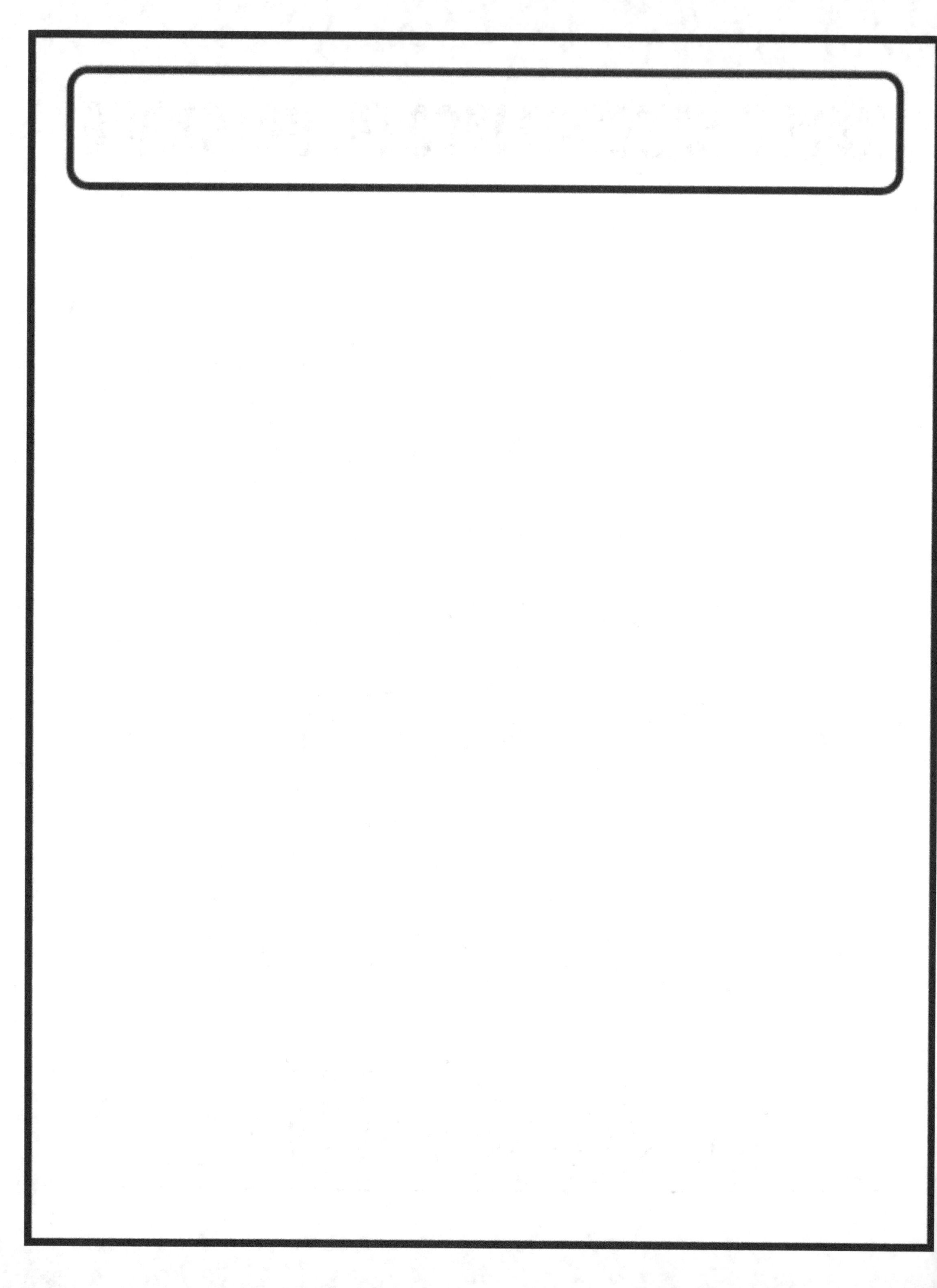

NAVI E BARCHE LIBRO DA COLORARE

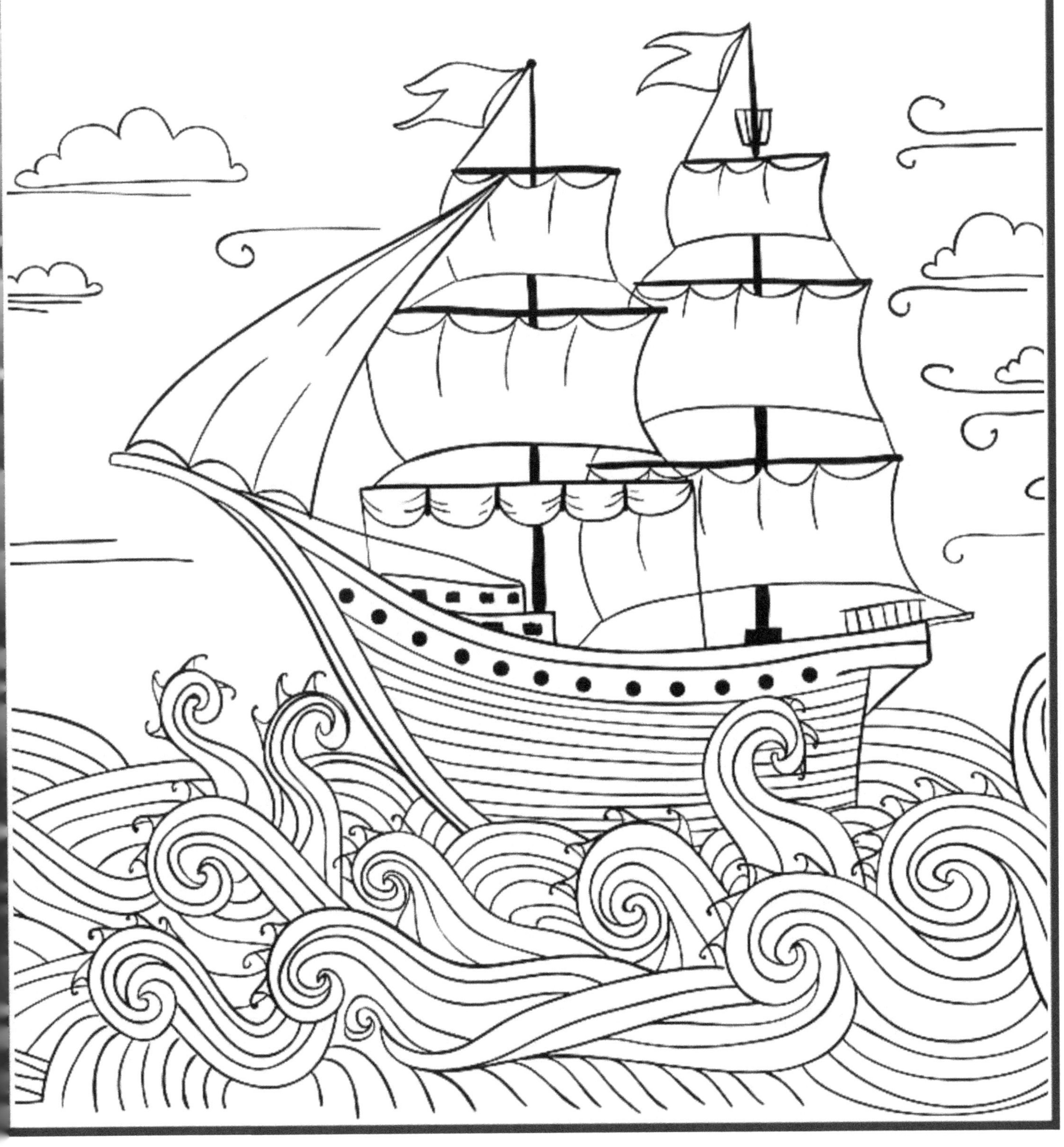

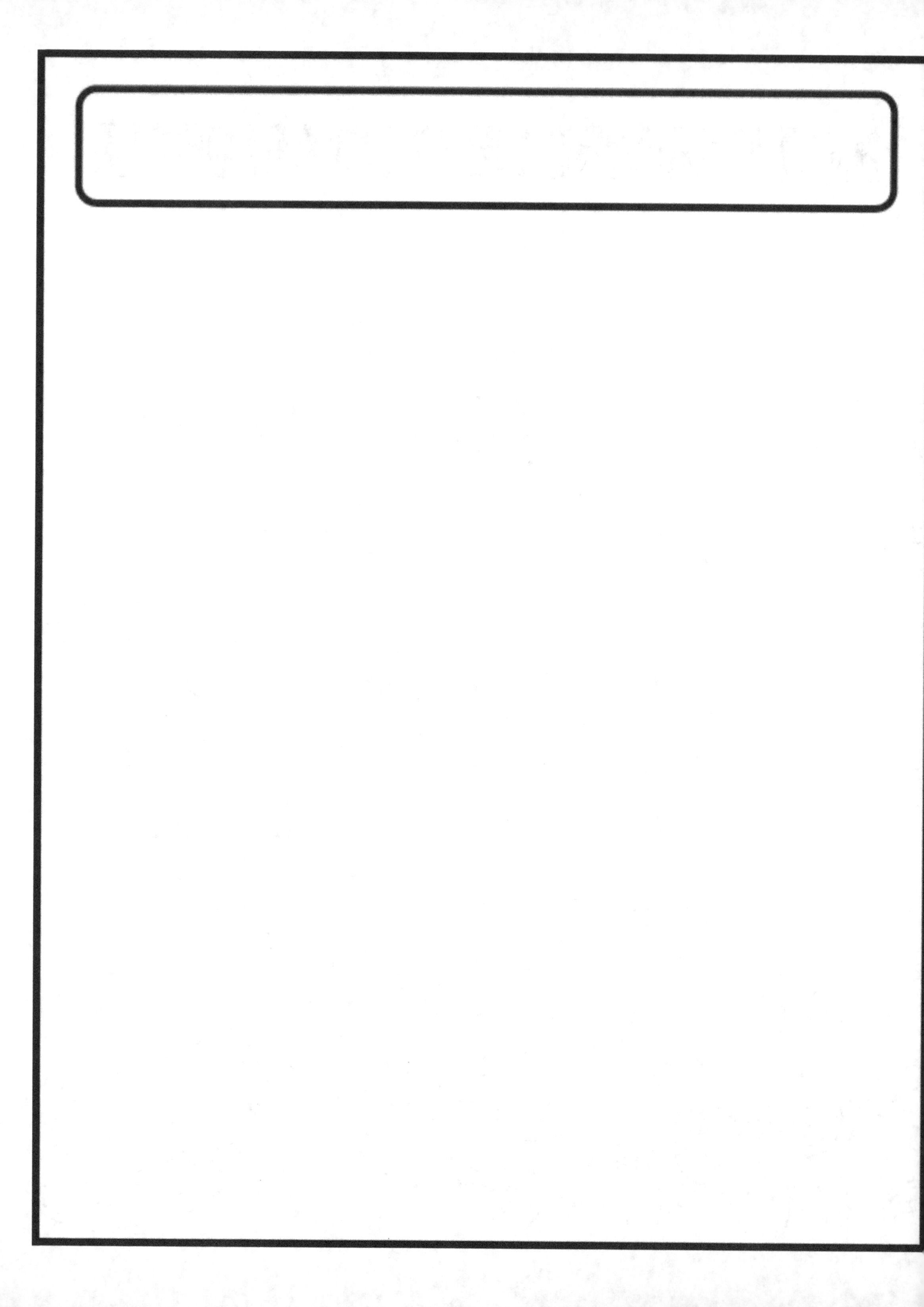

NAVI E BARCHE LIBRO DA COLORARE

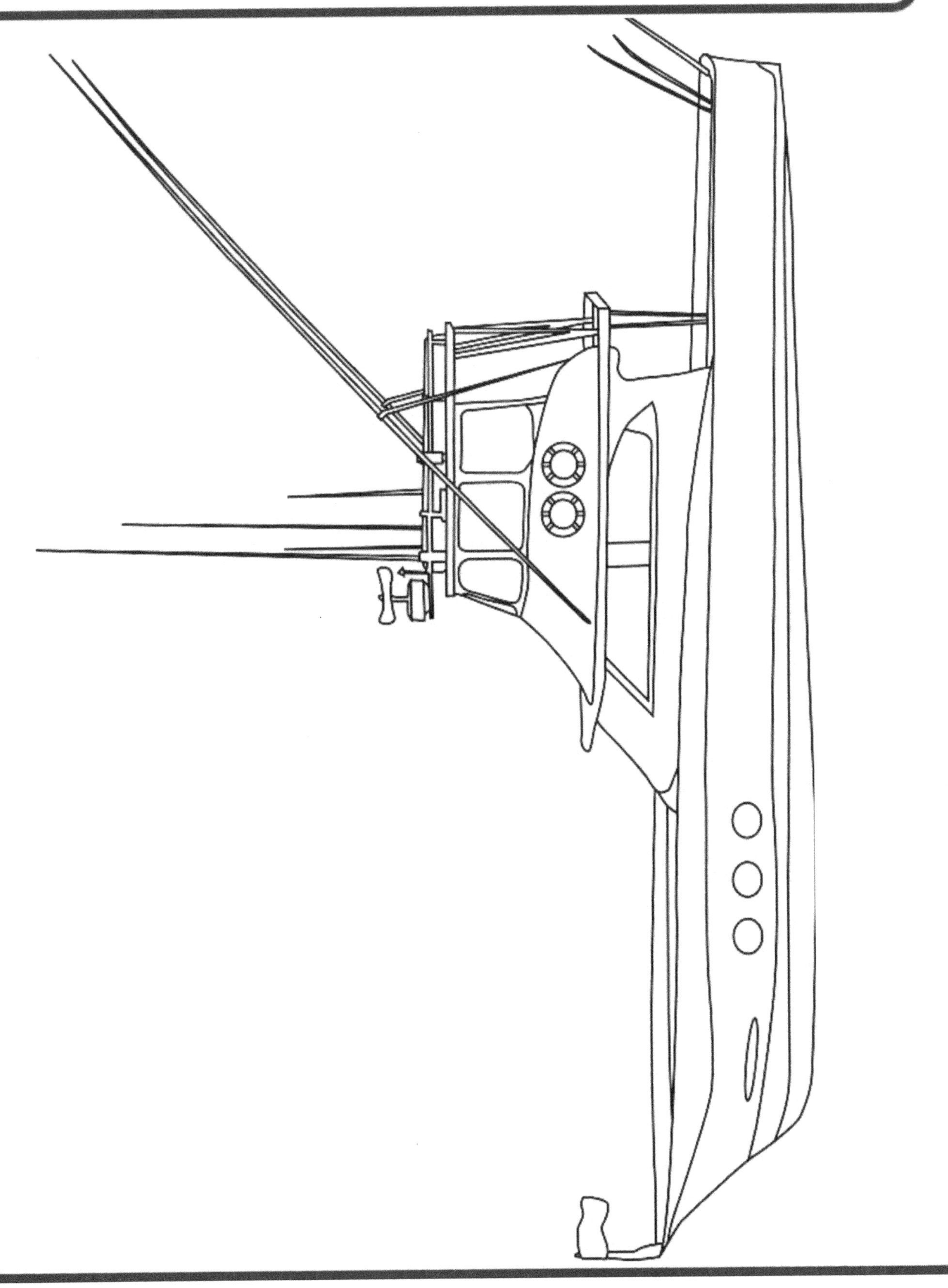

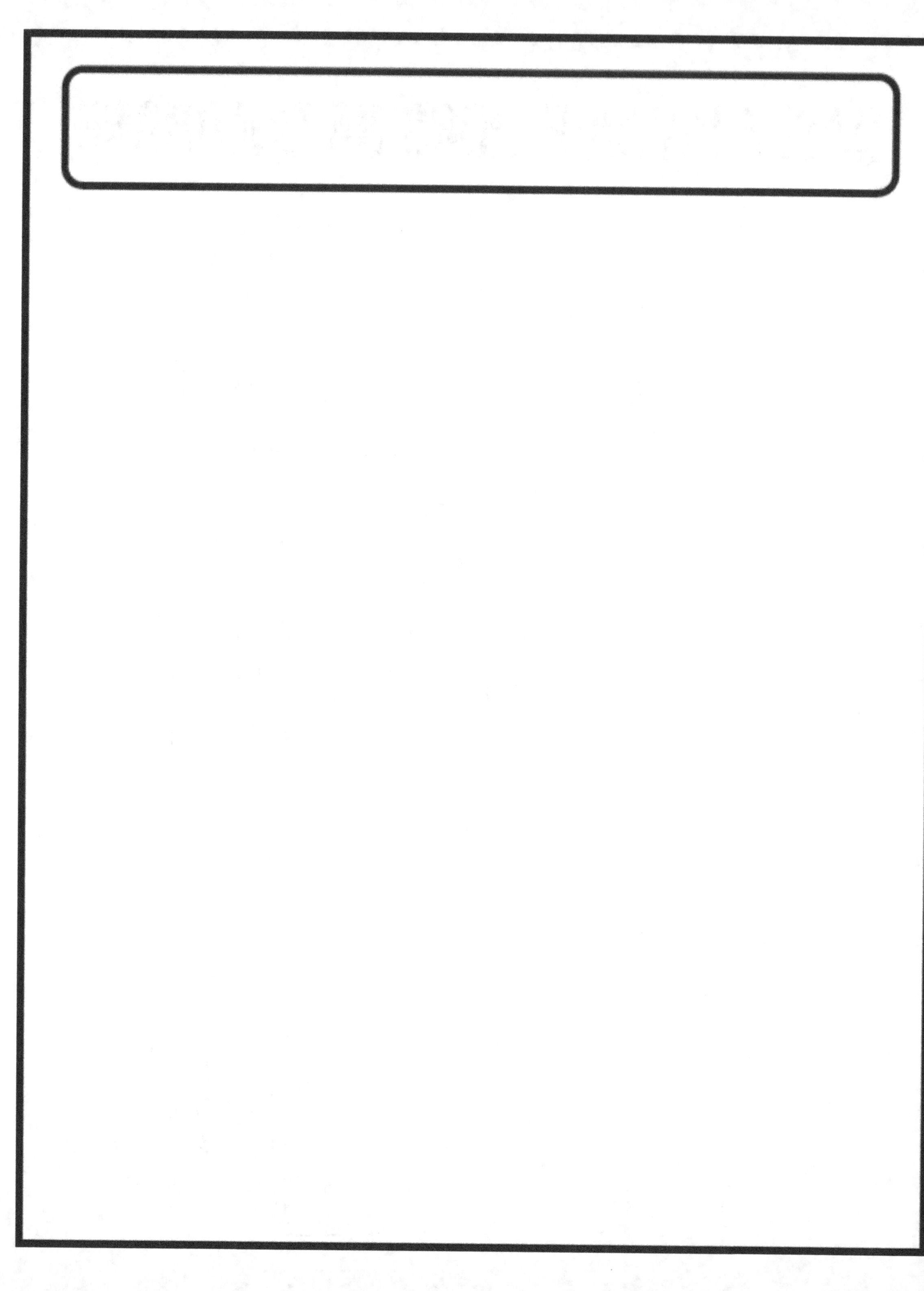

NAVI E BARCHE LIBRO DA COLORARE

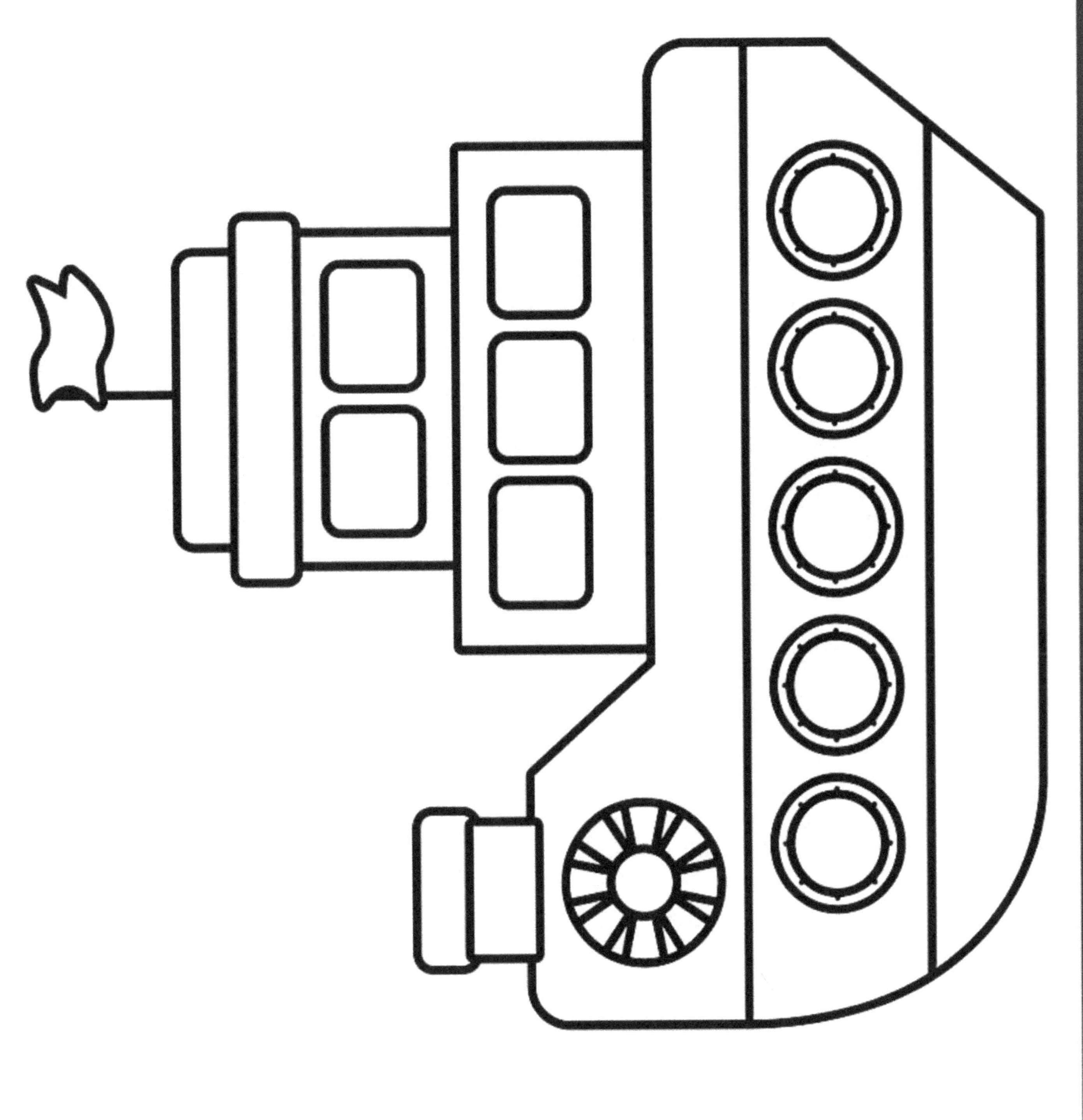

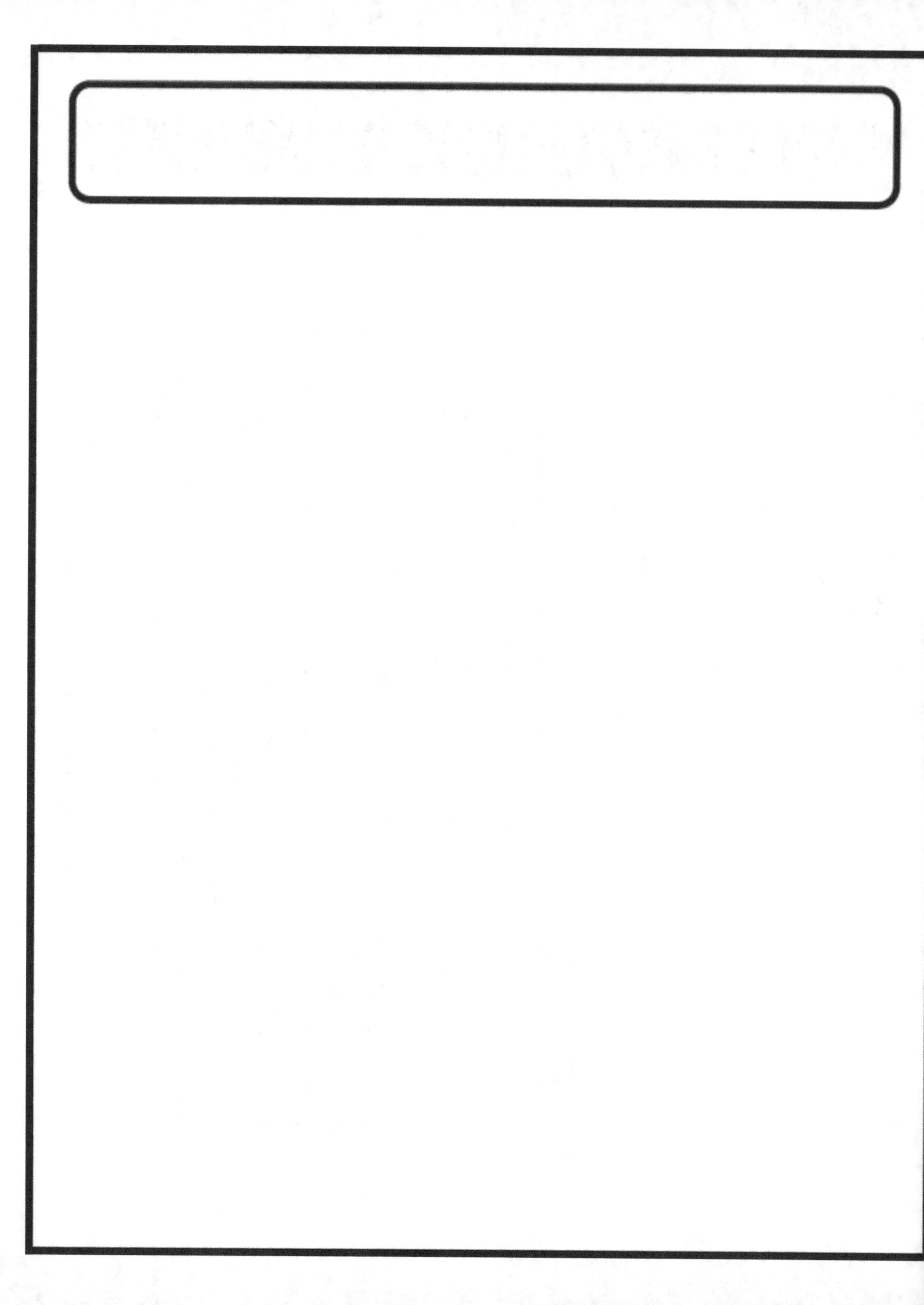

NAVI E BARCHE LIBRO DA COLORARE

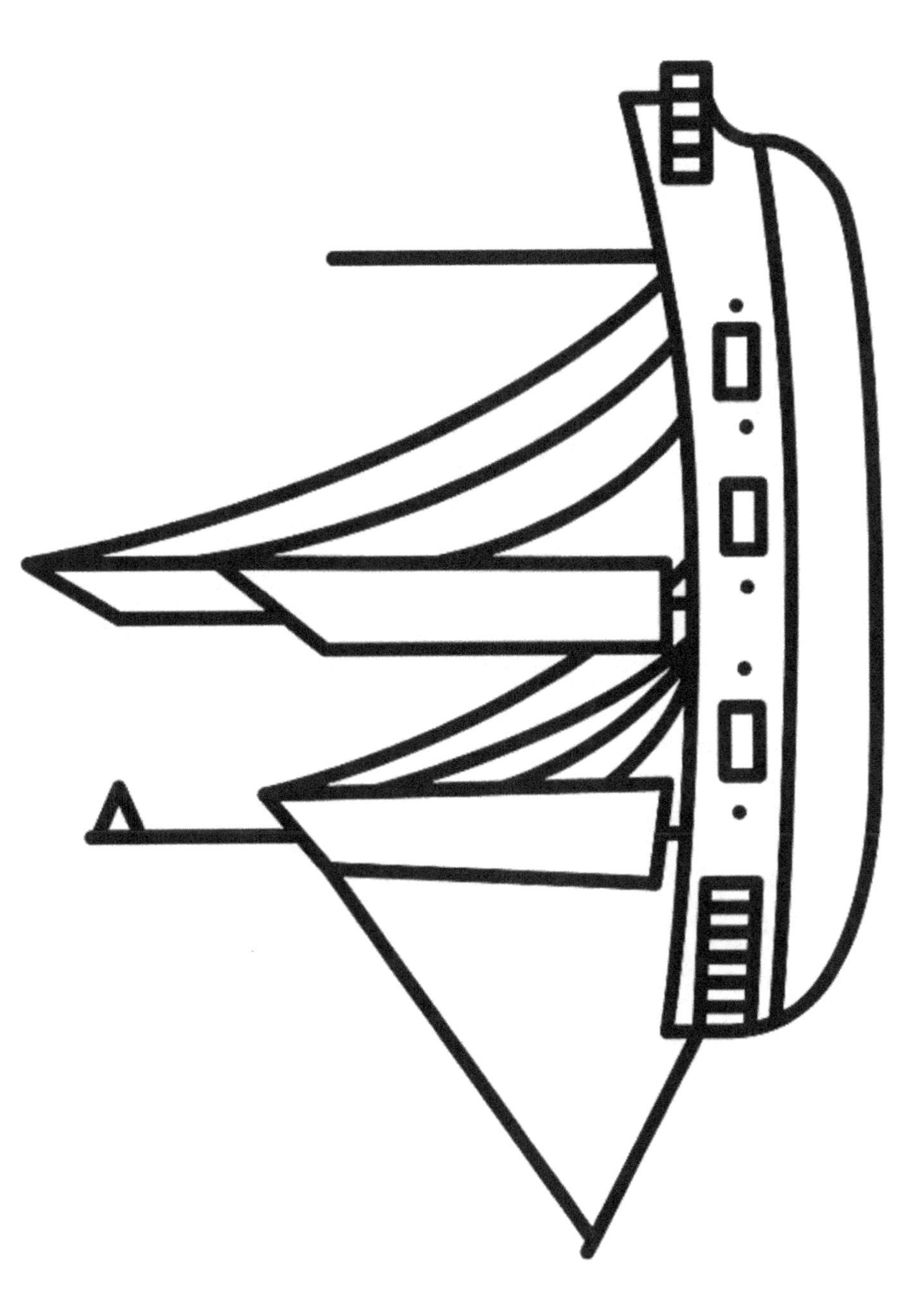

NAVI E BARCHE LIBRO DA COLORARE

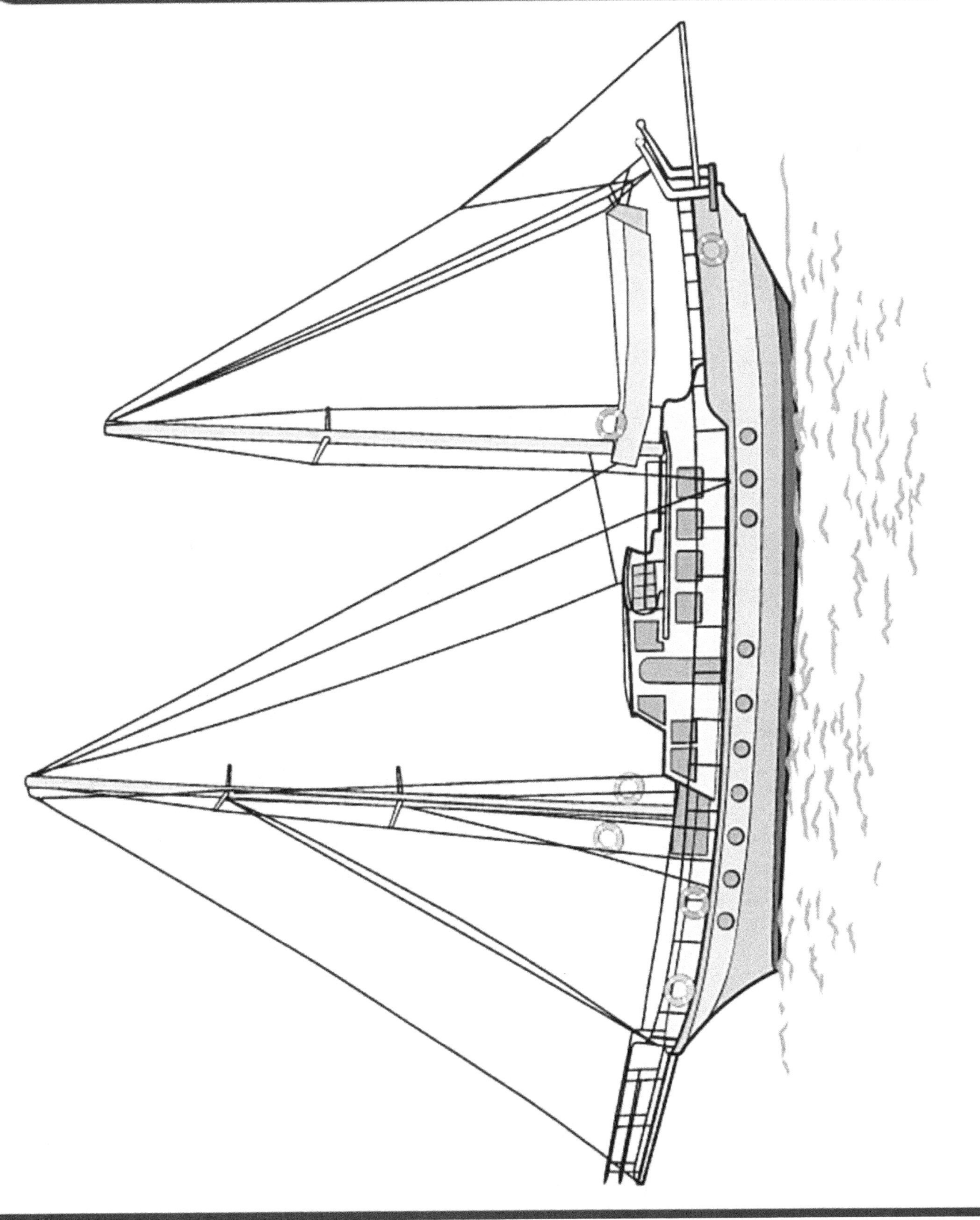

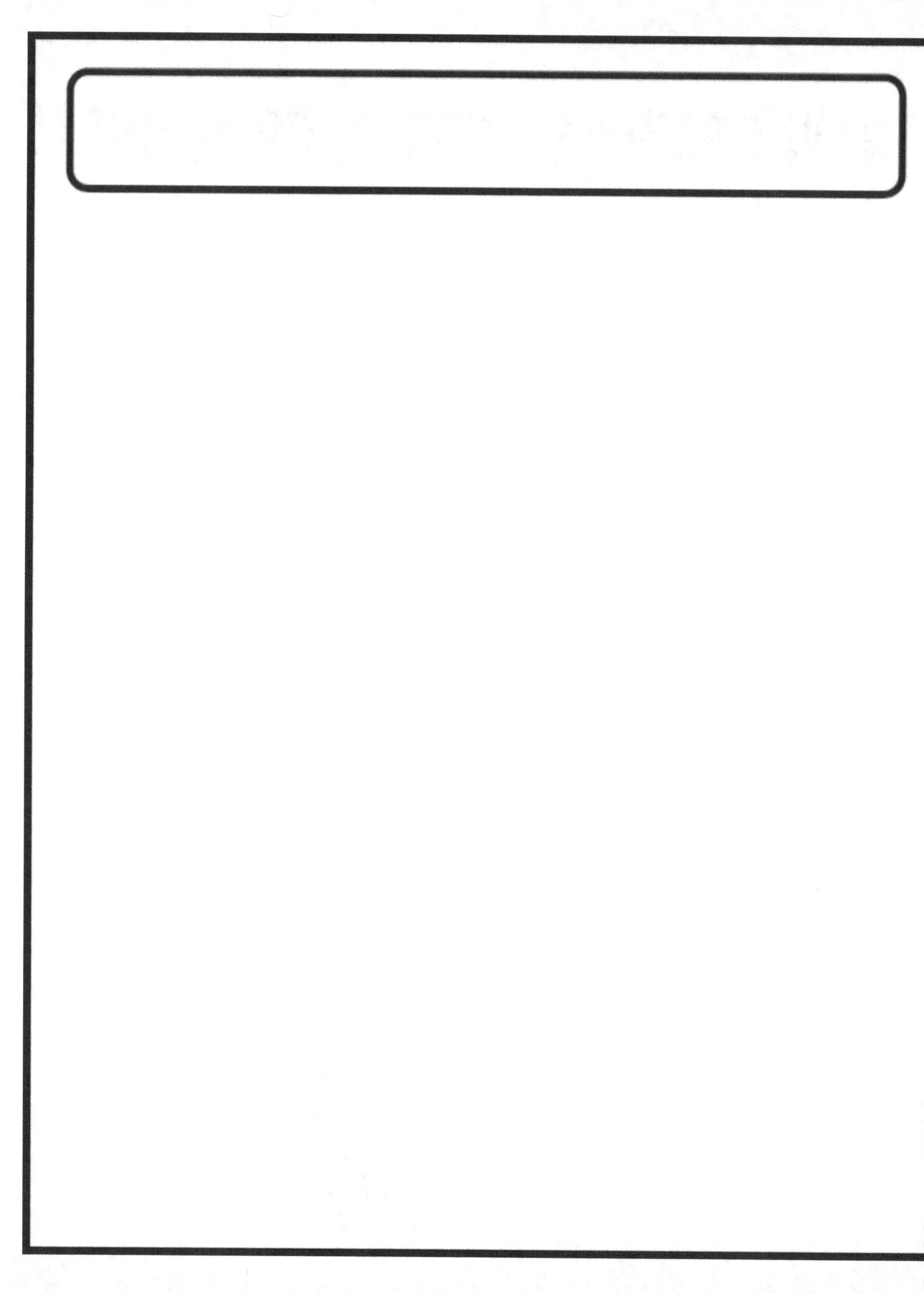

NAVI E BARCHE LIBRO DA COLORARE

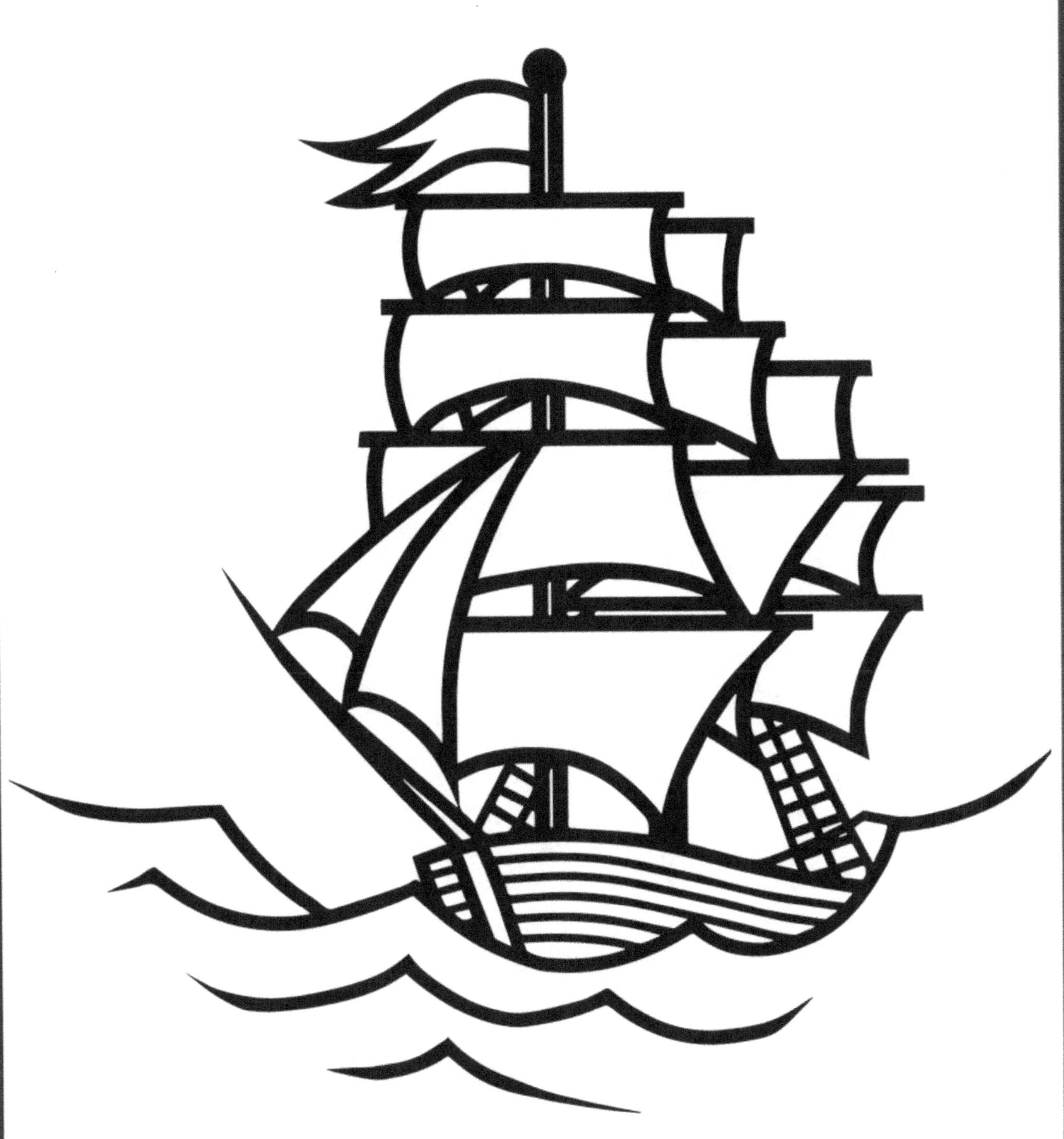

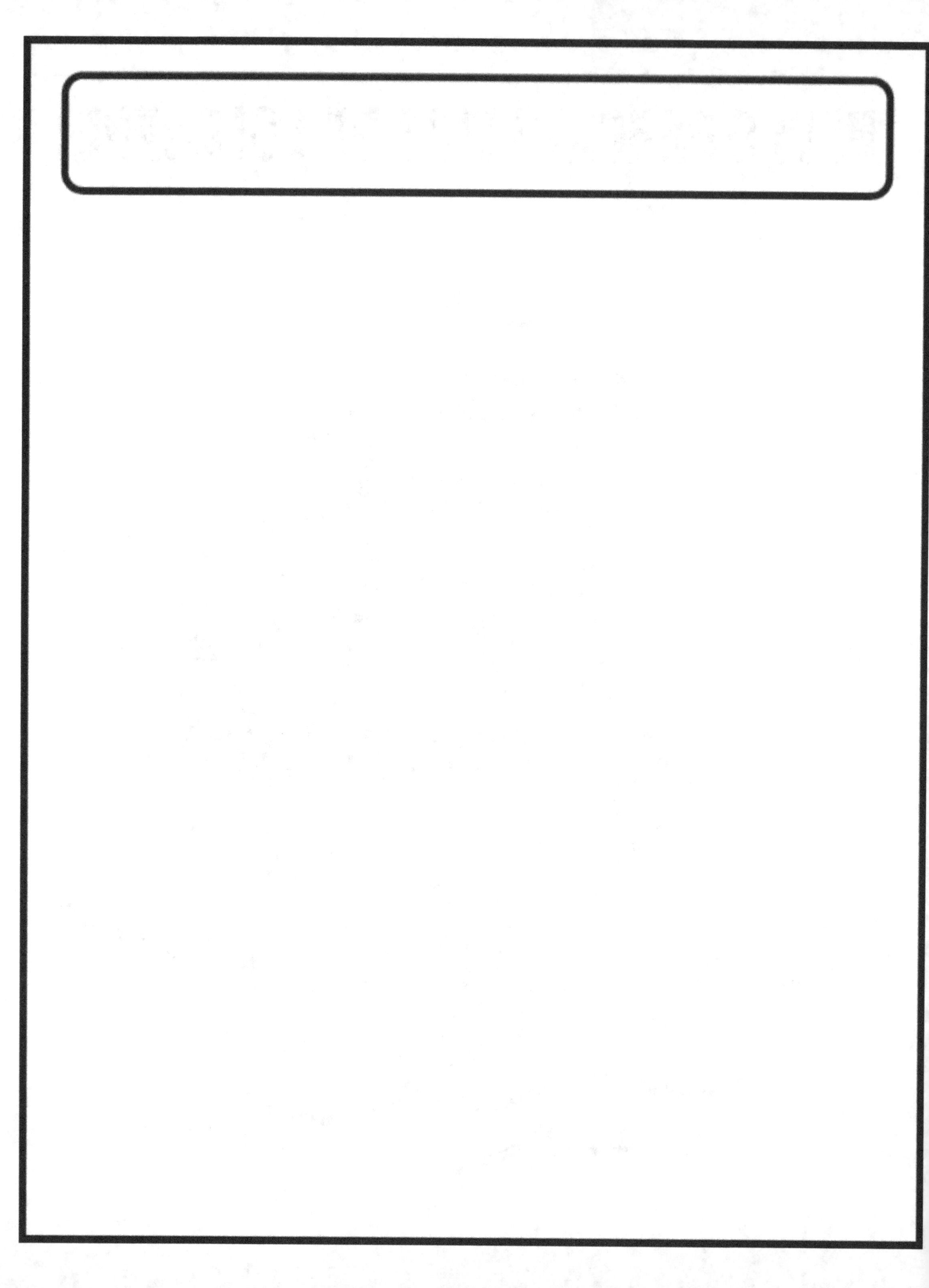

NAVI E BARCHE LIBRO DA COLORARE

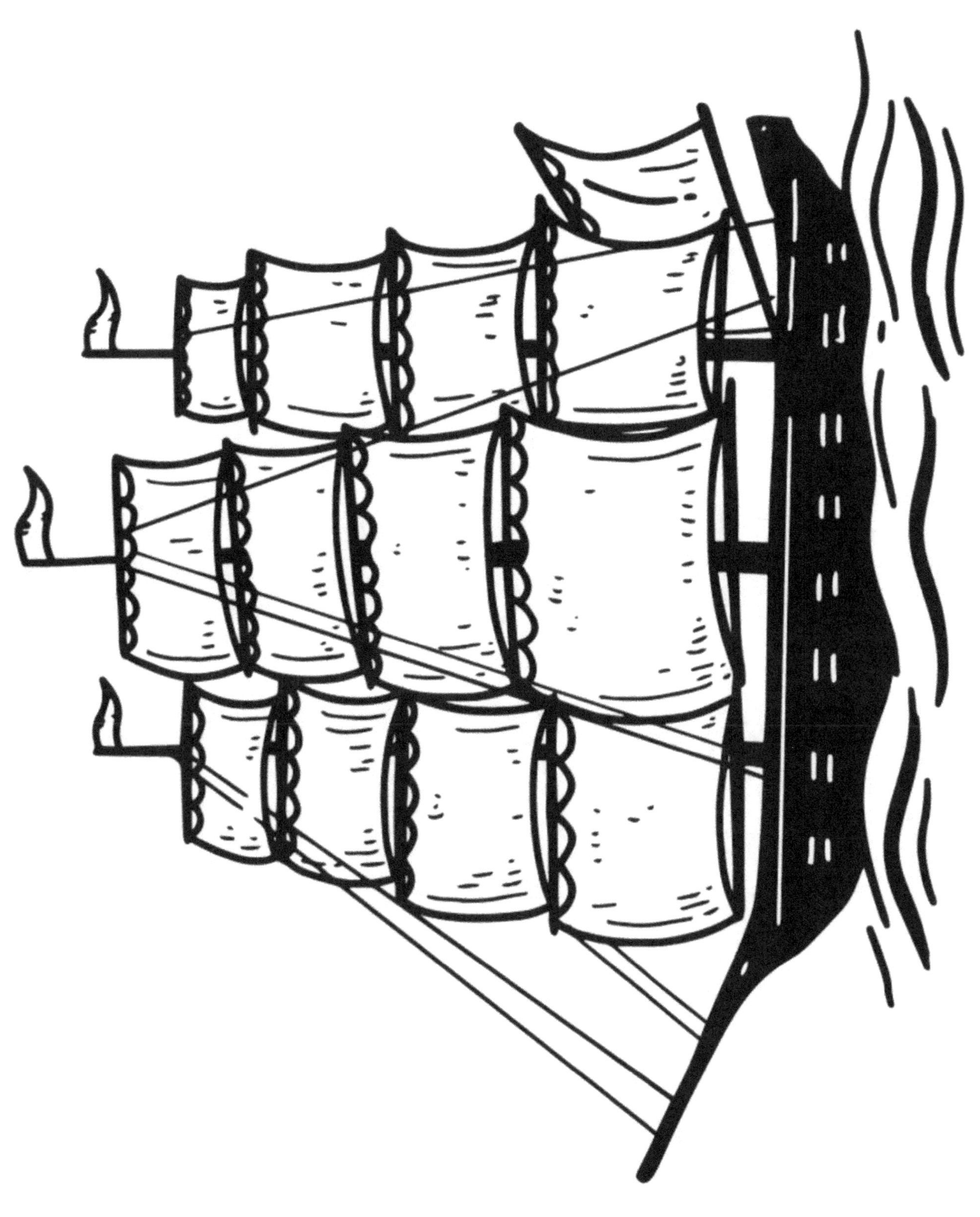